# 福建省社会科学普及出版资助项目
## （2022年度）
## 编委会

主　任：林蔚芬

副主任：郑东育

委　员：康蓉晖　刘兴宏　李培锅

........................................................

**福建省社会科学普及出版资助项目说明**

福建省社会科学普及出版资助项目由福建省社会科学界联合会策划组织和资助出版，是面向社会公开征集的大型社会科学普及读物，旨在充分调动社会各界参与社会科学普及的积极性、创造性，推动社会科学普及社会化、大众化，为社会提供更多更好的社会科学普及优秀作品。

# 福建民间风俗百图

陈健俶 著

厦门大学出版社
XIAMEN UNIVERSITY PRESS
国家一级出版社
全国百佳图书出版单位

**图书在版编目（CIP）数据**

福建民间风俗百图 / 陈健俶著. -- 厦门：厦门大
学出版社，2023.12
  ISBN 978-7-5615-9143-7

  Ⅰ. ①福… Ⅱ. ①陈… Ⅲ. ①风俗习惯-福建-图集
Ⅳ. ①K892.457-64

  中国版本图书馆CIP数据核字(2023)第196069号

责任编辑　章木良
美术编辑　李嘉彬
技术编辑　朱　楷

出版发行　厦门大学出版社
社　　址　厦门市软件园二期望海路 39 号
邮政编码　361008
总　　机　0592-2181111　0592-2181406(传真)
营销中心　0592-2184458　0592-2181365
网　　址　http://www.xmupress.com
邮　　箱　xmup@xmupress.com
印　　刷　厦门集大印刷有限公司

开本　720 mm×1 000 mm　1/16
印张　11
插页　2
字数　150 千字
版次　2023 年 12 月第 1 版
印次　2023 年 12 月第 1 次印刷
定价　68.00 元

厦门大学出版社　　厦门大学出版社
微信二维码　　　　微博二维码

# 前　言

　　中国风俗画历史悠久，最早可以追溯到东晋，已有一千多年的历史。宋时期，风俗画的制作已蔚然成风。风俗画以直接描绘人们的日常生活场景和社会风俗为题材，以客观理性的视角真实地记录了古代中国社会风貌。其画工精细，人物形象传神逼真，生活气息浓郁，具有很高的历史价值和艺术价值。

　　福建的历史文化遗产丰富多彩。繁多的方言乡音、特定的自然环境和社会历史文化等条件，造就了其民风习俗的统一性、多样性和独特性，既有中国传统民俗的一般特征，又具有显著的地方特色。福建福文化民俗多层面地反映了人们对美好幸福生活的向往和追求，对人生态度的豁达与从容，是人们集体意识、道德审美及民族情感中最核心的认同、最执着的守望。如在衣食住行习俗中，追求丰衣足食、安居乐业之福；在岁时习俗中，遵循顺应自然、感恩奉献之福；在人生礼俗中，深求尊礼重情、安康和谐之福；在民间信仰中，崇奉立德为本、大爱行善之福等。这些皆蕴含着丰富的道德理念和规范，体现着评判是非曲直的价值标准，潜移默化地影响着人们的行为方式。然而随着时代的变迁，诸多传统文化和风俗正逐渐离我们远去。为此，本书在全面梳理与整合史料的基础上，选取福建民间极具代表性的服饰、建筑、交通工具、礼俗信仰、工艺、医药、歌舞、戏曲、体育、茶艺等风俗，以"绘画艺术＋释图文字"形式，以新时代背景中的线描语言,形象再现福建民风民俗,以唤起人们对传统文化的集体记忆,推动传统文化创造性转化和创新性发展。

中国美术家协会理事

河北师范大学当代美术研究所所长　蒋世国

# 目　录

# 一、民间服饰

## 1.深山最美采茶时——采茶女服饰

我国素有"茶国"之称，福建与江浙一带都是中国名茶的产地。据相关文献记载，茶发于神农时期，兴于唐代，盛于宋代。在漫长的历史发展过程中，中华民族在茶的培育、品饮、应用，以及茶文化的形成与发展上，为人类文明留下绚丽光辉的一页。

中国茶文化源远流长，也涌现出众多关于茶的文学作品，采茶便是其中不可或缺的一个内容。每当龙眼花开时，采茶女便穿着独特的采茶服饰采茶袄上山采茶。清代查慎行的《武夷采茶词》就是为采茶而作的一组诗，其一为："荔支花落别南乡，龙眼花开过建阳。行近澜沧东渡口，满山晴日焙条香。"

采茶袄，是中国传统民间服饰之一，通常由多种不同面料组成，其中最常见的是棉布、毛织物和丝绸。采茶袄为前开衩衣，衣服的图案一般以彩色格子为主，衣领的口子上常附有口袋，袖子宽松，袖子和腰部均有装饰性花边，腰带多为三色缎带。整体款式朴实清新，具有浓厚的生活气息。

# 2.渔家姑娘在海边——惠安女服饰

　　惠安女服饰是流传于福建惠安沿海地区的一种独特的妇女服饰,集百越文化、中原文化、海洋文化于一体。惠安女服饰历史悠久,源于唐代,成熟于宋代,定型于清代,最终形成了款式独特、色彩协调、纹样奇特的基本服饰形态。其款式比较简单,主要包括上衣、下衣、鞋子,以及发型、衣物装饰和随身什物等。有俗谚"封建头,民主肚,节约衫,浪费裤",非常形

象地描述了惠安女服饰的特征,也是其亮点所在。

"封建头"即指惠安女服饰中的绝配——黄斗笠和花头巾。这样的头饰不仅起到装饰作用,而且可以避免在海边劳作时受风吹日晒。

"民主肚,节约衫"是指惠安女短小的上衣。由于劳作的需要,惠安女的上衣衣身和袖子窄而短小,短到露出肚脐。衣身上半部分窄小,下摆往外扩,左衽斜开襟;袖子短小,斜门襟上、袖口等都镶有装饰花边。面料以吸汗透气的棉质面料为主;图案多为蓝底白花,表达她们对大海的崇敬。

"浪费裤"则指惠安女的阔腿裤,也叫大折裤。惠安女的裤子一般为黑色的,裤腿的宽度在40～50厘米之间,多用绸缎,上有等距离的折痕,整齐美观。这样的阔腿裤便于她们在海边劳作,或可以随时卷起裤腿,或快速晾干被海水打湿的裤管。

腰饰也是惠安女服饰重要的装饰之一。因上衣较短,腰间的装饰显得尤为重要。未婚的惠安女一般会扎上由红色或黄色塑料绳手工编织而成的腰带;已婚的一般会在腰间饰一条3～9股不等的银腰链,腰链的挂扣多为鱼的形状,与蓝色的上衣和黑色的裤子相融相合,协调大方。惠安女的鞋子也很奇特,传统的鞋样丰富多彩,有绣花拖鞋、鸡头绣花鞋等,绣工非常考究。随着时代的发展,传统的绣花鞋已逐渐被塑料拖鞋取代,因为塑料拖鞋更适合于海边劳作时穿着。

# 3.朴实无华的美丽——客家人服饰

客家人是中原汉民族群体南迁的一支民系,在语言、民情、风俗、习惯等方面都保留着中原汉族的痕迹。客家人不尚奢华,服饰以简朴、宽松、舒适为主,最常见的服装是"上穿大襟衫,下着大裆裤",客家人称自己的这种服饰为"衫裤"。客家地区,除富裕家庭穿绸着缎外,多数家庭都穿粗布衫配宽腰便裤,而且男女老少都是同一式样,四季常穿,不同的只是尺寸大小和布料质地。

客家人的上衣与中原传统服饰一样,也是交领右衽,它宽松肥大、朴素大方、美观实用。布扣一般为五排扣,一公一母成对成排。颜色以蓝、黑、灰为主,蓝色大襟衫最为常见,俗称"客家蓝衫"。客家人也穿对襟衫,多为短装,一般用麻、葛布制作,多为男子穿用,客家妇女仅用来做睡衣或内衣,俗称"绑身子"。有袖的对襟衫称作短衫,无袖的则称为"褂驳"(马褂)或"背心"。

大裆裤是客家男女老幼最常穿的下装,常与大襟衫、对襟衫一起搭

配穿着。"男女同裤"是客家人服饰的一个显著特征,只是女性会在裤脚上用绲边稍微装饰。大裆裤腰部采用的是粗糙的面料,以增加裤与腰部的摩擦力,从而达到不易滑落的目的。此外,客家传统裤子还有筒裤、水裤、带子裤等。客家女性还会着围身裙,简称围裙,俗称"水裙"。这是客家妇女最为花哨的服饰之一。围身裙大部分都会绣上各式纹样图案,故又称"绣花围裙"。它一般裁制成倒钟形,胸口部分用一块淡色布料作表,刺上吉祥花卉,与底布形成色彩对比,以达到装饰效果。围身裙常穿于大襟衫表面,是劳作时防脏的服饰。穿时用绳带或银链系扣,上吊于颈,下围于腰。围身裙对折成方块围于头,还可以作为冬头帕使用。

客家妇女的髻式有圆形髻、船形髻、坠马髻、椭圆形髻、锥形髻等；髻饰有髻簪、髻钗、发针等银器和髻网。梳髻配饰因人而异，富者一身珠光宝气，头插金银钗，戴金耳环、金银项链、金银手镯、金银戒指；贫者荆钗彩带为饰，朴素大方。一般来说，少妇梳髻注重美观，金钗银簪饰于发髻；中老年妇女的发髻一般仅用发网套发髻，至多加戴银钏作为装饰。

客家人由于生存环境恶劣，长年累月在外种田耕山，大都练就了一双铁脚板。夏季常打赤脚，穿木屐，挑担远行则穿草鞋；冬季妇女穿绣花鞋，男子穿布鞋，儿童、老人穿棉鞋。客家人服饰兼具中原古风和南方韵味，是一种情感上的寄托，表达出客家人质朴、美好的品质，以及对安定生活的追求。

# 4.岛上靓丽风景线——湄洲女服饰

湄洲女服饰是湄洲岛上独特的风景线，其服饰形制主要包括大海裳、红黑裤子、帆船头、首饰、帽饰、布鞋等。

大海裳是湄洲女四季都可穿用的上衣，适合于各个年龄段。面料选材多用棉布和麻布；颜色多为蓝色，代表大海，寓意出海平安；衣长达到臀部，无省道与分割线，立领，右衽大襟，一片袖，袖口较大，门襟、底摆、袖口有镶边设计，门襟用盘扣固定，左侧衣襟下摆处有弧形拼接。

红黑裤子款式简单，无正反之分，腰头宽度8～10厘米，防止腰带系上之后滑落。由于腰头不外露，一般采用较便宜粗糙的面料制成，也能起到节约的作用；直筒裤型，裤臀部宽松肥大，在立裆深处分割设计，上红下黑。

湄洲女最为独特的是发式。一般用红色头绳将头顶上的头发缠绕成辫子，在头顶盘成发髻，用银钗固定，两侧头发梳向脑后，呈10多厘米高

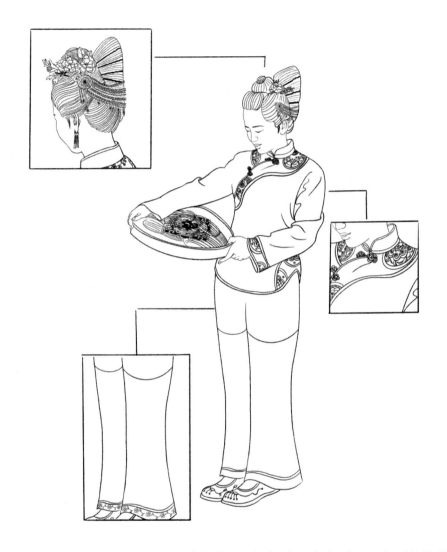

的固定的扁平形状,类似船帆,故被称为"帆船头""妈祖头"。头顶的发髻
代表船舵,银钗代表船锚,寓意出海能够一帆风顺。该发髻为已婚妇女的
发式,也是身份转变的标志。

　　湄洲女服装款式简单,色彩单一,首饰也保留着朴实简洁的风格,常
见的首饰有簪、长命锁等。湄洲女的发簪一般是银制品;长命锁,即项链,
造型各异,种类繁多,是陪嫁吉祥物,亦是湄洲女最喜爱佩戴的一种饰品,

具有辟邪驱魔、保佑平安的美好寓意。

　　湄洲女佩戴的凉帽，大方实用，具有遮阳挡雨的作用。凉帽造型形似古代斗笠，呈圆盘状，直径约 50 厘米。帽子边缘根据各人的需要可装饰一圈蓝色或黑色的帘布，以遮挡阳光或保护隐私。凉帽一般选用韧性较强的薄竹篾或棕叶编织而成。

　　湄洲女的鞋子为手工制作的千层底布鞋。鞋面用双层棉布缝制，颜色外黑内白；鞋底则是用多层碎布，过浆黏合晒干后，缝纳而成；鞋面和鞋底会用彩色绣线绣上各种图案，制作工艺精湛。

# 5.海边行走的花园——蟳埔女服饰

蟳埔女,又称"鹧鸪姨""蟳埔阿姨",是福建三大渔女之一(另两个为惠安女、湄洲女)。蟳埔女因村而得名,蟳埔村位于泉州市丰泽区东海社区,是一个靠打鱼和滩涂养殖为生的小渔村。2008 年,蟳埔女习俗被列入第二批国家级非物质文化遗产名录。蟳埔女服饰是福建省泉州市丰泽区传统技艺,和蚵壳厝一起被列入第一批泉州市丰泽区非物质文化遗产名录。

蟳埔女服饰俗称"大裾衫、阔脚裤",简朴宽松,实用性强,便于在海滩上劳作。耳饰是蟳埔女辈分的重要标志,未婚女性戴圆形耳环,不加耳坠;结了婚的则戴加耳坠的丁钩耳环,称"丁香坠";做奶奶后改戴"老妈丁香坠"。

我们也能从蟳埔女的发型和头饰的外观上分辨出年龄的差异:一般从幼儿开始蓄发,8～12岁时开始编三股辫,额头留刘海,当地人称之为"头毛垂",两鬓簪花;13～14岁梳圆髻,簪发簪,戴耳环,插鲜花,是长成少女的标志,相当于成人礼;中年妇女梳螺旋髻、簪花围、插金簪;老年妇女头上一般包红色头帕,戴红色鲜花和头花。

蟳埔女的发髻多用象牙色的筷子来固定。发髻一般是平行于象牙筷的方向,或者交叉错位;有的筷子用金银制作,也有的用红色塑料制作,形状和材料各异。待发髻梳好以后,再戴上簪花围,插上发簪和插梳,配上耳环,这就是常见的蟳埔女形象。

在满月、婚事、大寿等喜事中,蟳埔女会在她们的发髻上插各种各样的发簪。发簪的形式多样,具有代表性的有盘龙纹宝剑金簪、蜜蜂形金簪、孔雀开屏金簪、花朵形金簪、曲线穿插手杖形簪等。

## 6.凤凰山上凤凰飞——畲族人服饰

畲族在漫长的历史迁徙中,创造了以祖先崇拜为主体、以特色服饰为标识的区域文化。闽东地区作为畲族人民的主要聚居地,其从明清时期留存下来的传统服饰有着极强的辨识度和丰富的文化内涵。2008 年,畲族服饰被列入第二批国家级非物质文化遗产名录。

男服简约大方,女服精致美观。畲族男子的服装式样有两种:一种是平常穿的大襟无领青色麻布短衫;另一种是结婚或祭祖时穿的礼服,红顶黑缎官帽,青色或红色长衫,外套马褂,长衫的襟口和胸前有一方绣有龙的花纹图案,脚穿白色布袜、圆口黑面布底鞋。而畲族女子的服饰则较为精致美观,其中最为引人注目的是发饰。已婚妇女一般梳以用红绒线环束的长筒式发髻,像一个鸡冠形的帽子傲然挺立在头顶上,样式别致;未婚少女的发式则比较简单,只将头发梳平绕在头的周围,用红线束紧即可。此外,畲族妇女多带大耳环、银手镯和戒指,外出时还会戴上精致的斗笠。

服饰图案韵味独特,内容五彩缤纷。留存下来的、较为固定的图案,主要有取材于日常生活中的种种物象,如飞禽走兽、花鸟虫鱼、农舍车马等;有传统的几何形图案,如万字纹、云头纹、勾云纹、浮龙纹、叶纹等;有以吉祥语组合而成的图案,如"五世其昌""三元及第""招财进宝"等;还有象征农田的方格图案、象征江河的彩条图案、象征林木的十字图案,等等。整体图案自由奔放、不落俗套,显示出鲜明的民族艺术特色。

服饰主色沉稳朴实,轮廓鲜艳夺目。畲族崇尚黑色和蓝色,其服饰也以黑、蓝为主调。畲族百姓虽然生活艰苦,却保持着乐观的性格,因此他们会在黑、蓝的服饰上增加一些亮丽的色彩,或在花襟、衣袖上绣以蓝、红、白、绿、黑的宽花边,或在衣领上绣以水红、黄、大绿等马牙花纹和红、黄、蓝、绿、水绿、黑等柳条纹图案,或在服饰的边缝镶上一条三四厘米宽的红布条,等等。各种色彩庄严中显缤纷,大方中现和谐。

内涵丰富多彩,寓意深刻美好。畲族传统服饰具有极高的艺术价值和较为深刻的文化内涵。其图案运用的手法主要有谐音、寓意和符号三种。谐音,即借音而述意,如鸳鸯配偶、五福(蝠)捧寿。寓意,即借助一件物体或一组画面暗喻美好,如四合如意;有的图案在表现手法上谐音和寓意兼而有之,如福寿双全。符号,即被畲族百姓认同的、固定化观念的替代物,如绣在鞋上的如意头。

最具畲族特色的民族服饰是女性的"凤凰装"。红线扎的长辫高盘于头顶,象征着凤头;衣裳、围裙(合手巾)上用大红、桃红、杏黄及金银丝线镶绣出五彩缤纷的花边图案,象征着凤凰的颈项、腰身和羽毛;扎在腰后飘荡不定的金色腰带头,象征着凤尾;佩于全身的叮当作响的银饰,象征着凤鸣。"凤凰装"以闽东诸县最有特色,按年龄区分为大、小、老三种。"小凤凰装"为未成年女子穿着,样式和穿法同"大凤凰装"无异,只是相对简约,凸显单纯、活泼、可爱;而"老凤凰装"则是老年妇女穿着,头髻较低,衣服和腰带的颜色、花纹也较为单一,彰显庄重与沉稳。"凤凰装"被誉为畲族文化的奇葩。

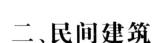

# 二、民间建筑

## 7.福州的文化名片——三坊七巷

　　三坊七巷位于福州市鼓楼区南后街,总占地面积约45公顷,基本保留了唐宋时期的坊巷格局,保存较好的明清古建筑有159座,其中包括全国重点保护单位9处、省级文物保护单位8处,被誉为"中国明清建筑博物馆""中国城市里坊制度活化石"。

　　三坊七巷两旁从北向南依次排列十条坊巷,向西三片称"坊",向东七条称"巷",自北而南依次为:衣锦坊、文儒坊、光禄坊"三坊";杨桥巷、郎官巷、安民巷、黄巷、塔巷、宫巷、吉庇巷"七巷"。三坊七巷作为中国目前在都市中心保留的规模最大、最完整的明清古建筑街区,被评为"中国十大历史文化名街区"之一。

　　三坊七巷形成于唐代王审知修建罗城。罗城南面以安泰河为界,政治中心与贵族居住区在城北,商业区及平民居住区在城南,同时强调中轴对称,城南中轴两边,分段围墙。这便是坊与巷之始,进而形成了今日的三坊七巷。

　　在这个街区内,坊巷纵横,石板铺地;白墙瓦屋,曲线山墙,布局严谨,匠艺奇巧;不少还缀以亭、台、楼、阁、花草、假山,融人文、自然景观于一体。正房、后房窗以双层通长排窗为多,底层为固定式,上层为撑开式或双开式。正房的主门朝大厅敞开,多为四开式,门上雕有丰富的图案花

饰,以增添大厅的气派。

"谁知五柳孤松客,却住三坊七巷间。"三坊七巷人杰地灵,是出将入相的所在,历代众多著名的政治家、军事家、文学家、诗人从这里走向辉煌,至今从其坊名、巷名就可看出当年的风姿和荣耀。

## 8."中国家文化栖息地"——永泰庄寨

　　永泰庄寨位于福建省福州市永泰县,始于唐朝,盛于明清,前寨后庄,是闽中地区独具特色的、集居住与防御于一体的大型乡土建筑。其历史上庄寨总量超过2000座,现存保护较好的有152座,其中占地面积1000平方米以上的有98座。2018年3月,永泰庄寨荣获"中国传统建筑文化旅游目的地"称号,成为全国唯一以建筑群获评的文化旅游目的地;2018年11月,爱荆庄获得由联合国教科文组织颁布的年度亚太地区文化遗产保护优秀奖；2019年10月，积善堂、绍安庄等5座庄寨被列入第八批全国重点文物保护单位名单；2020年，永泰庄寨保护入围"中国文物保护基金会"优秀县域案例评选，爱荆庄还单独以"社会参与"优秀案例入围评选；2022年3月，黄氏"父子三庄寨"——谷贻堂、绍安庄和积善堂，入选世界建筑文物观察名录。

永泰庄寨多以"庄""寨""堂""居""堡""厝"等命名，主要采用"四梁扛井"的独特建筑结构，单座散建于河边阶地、山间盆地、丘陵的山坡和台地上，呈轴线布局。庄寨建筑平面以方形为主，内部有块方形的"封经石"（类似于古代的经纬仪），石头上面阴刻"＋"形。整座庄寨以"封经石"为轴线，对称布局工整紧凑，体现出中国传统的中轴对称理念。在中轴线上，庄寨一般建有前门厅、下落厅、正厅、后厅、上落厅，其中正厅处于建筑群平面格局的几何中心，是所有单体建筑中体量最大、等级最高的，也是举办祭祀、节庆等公共活动的重要场所。庄内的装饰精致新奇，如木雕、彩绘、灰塑、挂瓦墙、楹联、牌匾等上面雕刻的复杂图案，堪称一绝，有"山岭奇构"的美誉。防御系统十分完备，有贯穿庄寨的跑马道，用于抵御外敌的枪眼、斗形窗、防火的铁皮门、碉式角楼，等等，应对外敌几乎无死角。永泰庄寨最为典型的代表要数黄氏"父子三庄寨"，其中谷贻堂为黄孟钢始建于1860年；绍安庄为黄孟钢的大儿子黄学书始建于1895年，当地人称"福建的布达拉宫"；积善堂为黄孟钢的三子黄学猷始建于1905年。目前，庄寨已成为永泰的地标建筑，是"南方民居防御建筑的奇葩"，也是"农耕社会家族聚落生存的记忆，传统乡绅文化弥足珍贵的载体"。

# 9.闽南古民居——红砖厝

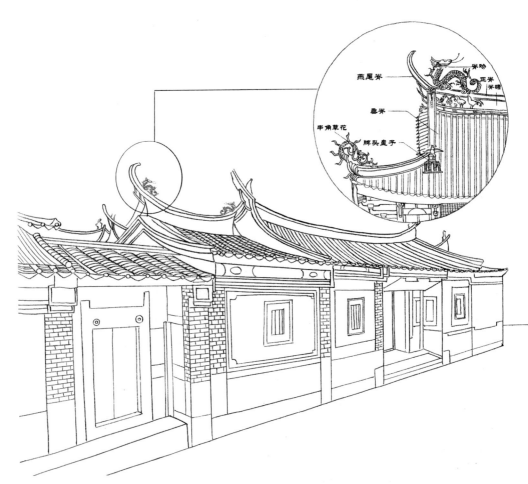

闽南传统建筑（堆剪）营造技艺十分精湛。据《泉州市科学技术志》记载："泉州开元寺始建于唐垂拱二年（686 年）……大雄宝殿……为福建省现存体量最大、构架最复杂的一座佛教古建筑。该殿为重檐歇山式屋顶……屋脊呈中间低、两端上翘的凹弧形状，系闽南建筑特色。"此凹弧形状如同燕子的尾巴，俗称"燕尾脊"，燕尾脊的建筑就是用堆剪技艺制作的。另有传说始于唐昭宗光化元年（898 年），因圣旨误传开闽王王审知赐妃黄厥张坂镇娘家一府皇宫起,从而使雕梁画栋、燕尾翘角、水车堵,形制有如宫殿,俗称"皇宫起"的官式大厝在泉州侨乡随处可见,形成了闽南独特的古民居建筑特色。随着技艺的沿革,结合闽南地区多雨的气候条件,为了使雕梁画栋、燕尾脊、水车堵的图案不至于随着日晒雨淋而褪色,便在其主要堆塑图像如龙、凤、人物、动物上剪贴上特制的彩碗。后来,随着闽南人走台湾下南洋等,堆剪这门技艺也传播扩展至我国台湾地区以及东南亚等地。

## 10.厦门近代历史的缩影——鼓浪屿八卦楼

素有"小白宫"之称的八卦楼坐落于厦门市鼓浪屿东北部的笔架山东北麓,居高临下,尽览厦鼓两岸风光,以其独特的地理位置和建筑特色吸引着大量的中外游客,是旅游胜地鼓浪屿的标志性建筑,同时也因其建造的历史背景和传奇经历,成为厦门这座港口城市近代历史的缩影。2006年,八卦楼被国务院公布为第三批国家重点文物保护单位。

　　鼓浪屿八卦楼的创建人是台湾富商林鹤寿,始建于清光绪三十三年(1907年);设计师是时任鼓浪屿救世医院院长的美籍荷兰人郁约翰(John Abraham Otte)。

　　八卦楼坐西南朝东北,是一座以隔潮层为基础的四层楼砖混结构西式建筑,总建筑面积5436平方米,通高26.6米,圆顶高10米。建筑主体为一、二层楼,平面呈长方形,面宽54米,进深32米,建于长宽相同的隔潮层之上。二层的楼顶为大露台,四周围砌女儿墙。三层是大露台中央建起八边形平台,其顶部也是观景露台,四周围砌女儿墙。四层是居中的圆塔,塔顶为深红色的半球形,是该建筑的标志。八卦楼因顶部塔楼坐落于八边形平台上,八面开窗,圆顶有八条棱角,以及其内部门道四通八达、形同八卦迷宫而得名。整座建筑雄浑恢宏,典雅端庄,呈现出不同于一般世俗建筑的纪念性和神圣性。

　　八卦楼在细部装饰上处处显现出西方古典建筑风格,在装饰和建造工艺上又具有厦门本土的地域特点,如主体大楼屋檐下一圈内凹的水平空间、正大门上方花岗岩三角形大山花、椭圆形勋章造型的青斗石、山花两侧S形的短柱,以及带有古典欧式浪漫色彩的装饰特征等。中西文化元素完美融合,从而成就了鼓浪屿"万国建筑博物馆"中最为壮观的建筑奇葩。

# 11.罕见的闽东建筑——畲寮瓦厝

畲族聚居的村寨一般都在离县城较远的大山里，居所大都选择避风向阳、有水源的地方而建。村寨四周栽种松树、枫树、榅桲、苦槠，房前屋后种有毛竹、果树等。村口有树能挡风，屋后种树能蓄水，空气也格外清新。

畲族传统建筑主要是就地取材,用黄土做砖砌墙,以茅草为屋顶,故称"茅寮",亦称"畲寮";如果屋顶用的是瓦片,则称"瓦厝"或"瓦寮"。茅寮又分为山棚与泥间两种。山棚,通常以三五根带丫的树枝或树干为支柱,顶部成金字状,中间高两边低,屋顶用茅草或树皮覆盖以避风雨;泥间,也称"土寮",通常用小竹或芦苇秆编成篱笆状,拐角处用木头固定,然后涂上泥巴,做成"墙"。畲村房屋的结构类型主要有竹竿寮和走马寮两种。竹竿寮,又称"竹竿厝",门面小但纵深长,就像竹竿一样修长。通常每排立五根柱子,栋柱与第二柱相隔一丈;第二柱与廊柱相隔五尺,前五尺为走廊,正厅照壁在后二柱之间;照壁中间设有奉祀祖先的神龛,神龛、窗棂常有镂空木雕和浮雕装饰。走马寮的造型则多为日字形,前后均有厢房。栋柱与第二柱相距八尺,偏间隔到廊柱,走廊不设廊柱,以马脚架下檐,过间一丈二尺;前后的卧室较大,少铺地板,不设暖间,仅在炉前设一火炉;照壁后有天井和小厅,前天井较大,放中门,盖门楼。福建最具代表性的畲族村落是霞浦县溪南镇白露坑村的半月里、牛胶岭、东瓜坪等自然村,它们均存留有五百多年历史的畲族传统建筑,直观地体现了畲族"小聚居、大分散"的家族村落格局。

# 12.世界建筑奇葩——永定客家土楼

福建客家土楼主要包括龙岩市永定土楼,漳州市的南靖土楼、华安土楼、平和土楼、诏安土楼、云霄土楼、漳浦土楼,以及泉州土楼等。2008年7月,以永定客家土楼为主体的福建土楼被列入世界文化遗产名录。2010年4月,永定土楼获"最古老、最多、最大、最高"的土楼等4项吉尼斯纪录。

福建土楼产生于宋元,成熟于明末、清代和民国时期。客家人遵循"天人合一"的东方哲学理念,选址或依山就势,或沿循溪流;就地取材,以

石为基，以生土为主要原料，分层交错夯筑，配上竹木作墙骨牵拉，用木定型锚固丁字交叉处；土楼大小尺度适当，功能齐全实用；建筑风格古朴粗犷，形式优美奇特，与青山、绿水、田园风光相得益彰，组成了适宜的人居环境以及人与自然和谐统一的景观。

永定客家土楼位于福建省龙岩市永定区，区内共有2万多座土楼，其中清代以前的建筑约占三分之一，三层以上的大型土楼有近5000座，被誉为"中国古建筑的一朵奇葩"。土楼外形有五凤楼、方楼和圆楼三大种类，内部设施布局精巧独特。祖堂处于全楼的核心地位，为土楼客家人聚族而居的标志性建筑，主要用于宗族议事、婚丧喜庆、会客、宴会、演戏等，是全楼居民祭祀列祖列宗的场所，也是进行宗教活动的中心。

在永定范围内,无论是哪一座土楼,楼内的男性居民只有一个姓,而且都是血缘关系较近的同宗同族人。一家之内,家长说了算;一楼之内或全村同族之内,族长说了算,这是传统客家人所严格遵奉的一条原则。一座大型的客家土楼,如同功能齐全的小社会,具有聚族而居、安全防卫、防风抗震、冬暖夏凉、教化育人等多种功能,又被称为"热闹的小城市""家族的小王国"。

# 13.神秘的"浮动城堡"——安贞堡

安贞堡,又名"池贯城",位于福建省永安市槐南镇洋头村,是一座建造在沼泽地上的百年夯土建筑。该堡占地面积约1万平方米,建筑面积6000平方米,是福建省罕见的大型民居建筑,被誉为中国的"浮动城堡"。2001年6月25日,安贞堡被国务院公布为第五批全国重点文物保护单位。2020年7月,安贞堡景区被批准为国家AAAA级旅游景区。

安贞堡为永安乡绅池占瑞、池连贯父子于清光绪十一年(1885年)始建,历时14年完工。坐西朝东,前部呈方形,后部为半圆形,依山而建,逐次增高,极富节奏韵律。堡内建筑前后三进两层,共有320余间房间,厨房12个,水井5口,楼梯5部;各类用房有厅堂、卧房、厨房、粮仓、厕所、库房等,储备完毕,可供千人居住一个月以上。整个建筑从平面上看,呈中轴对称布局。大门之外还有一个占地面积约3000平方米的横向广场,左右两侧设护厝与入口,周边矮墙环护,围墙前面有泮池等,整个空间布局十分严格。

堡内建筑是以木结构为主的木石混合结构,外墙用厚石加土夯制,堡内梁枋、斗拱、垂花、雀替、漏窗、檐下、窗棂、屏风、隔扇、柱础上随处可见精雕细琢的花鸟虫鱼等造型;各厅堂的楠木浮雕华丽精致,刻有形象生动、工艺精细的《三国演义》《水浒传》《西游记》等故事图案;堡内还

存留有50余幅彩绘壁画,有牡丹争艳、鲤鱼吐水、蜡梅迎春等。整个厅堂庭院富丽堂皇、辉煌绮丽,具有极高的游览观赏价值,堪称清代建筑艺术的珍品。

## 14.海上行船的航标——泉州石狮姑嫂塔

姑嫂塔坐落在泉州市石狮宝盖山上,又称"万寿塔"。因其背靠泉州湾,面对台湾海峡,有关锁水口、镇守东南的独特作用,所以又叫"关锁塔"。姑嫂塔建于南宋绍兴年间,至今已有800多年的历史。南宋时期,泉州是世界上最大的贸易港口之一,海上对外贸易十分繁荣,与多个国家和地区有生意往来,形成了一条独特的海上丝绸之路。因此,姑嫂塔也成为海上行船的重要航标,与六胜塔、永宁镇镇海石、蚶江海防官署碑记以及唐代通往东南亚的林銮古渡等石狮名胜古迹成为古代海上丝绸之路的重要见证,是闽南侨乡的重要标志性建筑,是世界航海史上的一大奇观。

　　姑嫂塔是一座占地面积 325 平方米、高 21.65 米、八角五层的仿楼阁式花岗石空心石塔。第一层西北面开一拱形石门,二至五层各有两个门洞,转角倚柱作梅花形,顶置穹形斗拱。塔身从下往上逐层缩小,每层叠涩出檐;外有回廊围栏环护四周,内有石阶可绕登塔顶;二层的门额上刻有"万寿宝塔"4 个字,顶层外壁设有方形石龛,龛内并刻两个女像,即为姑嫂二人形象。姑嫂塔的故事传播久远,明代泉州著名史学家何乔远在《闽书》中有载:"昔有姑嫂嫁为商人妇,商贩海,久不至,姑嫂塔而望之,若望夫石然。塔中刻二女像。"

　　姑嫂塔其实是一座航标塔。明代黄仲昭编修的《八闽通志》记载:"(姑嫂塔)甚壮丽,商舶自海还者,指为抵岸之期。"姑嫂塔以石塔为航标,千百年来为无数进出泉州湾的中外船舶引航指路,阅尽人世间的沧桑变幻。它默默地守望着海外游子远航归来,姑嫂塔在眼前,家就在眼前。如今,姑嫂塔已经成为海外游子梦中家乡的符号,成为海外侨胞"摇篮血地"的鲜明标志。

## 15.背倚斜阳树——石雕凉亭

石雕凉亭,确切地说是将做成不同形状的石块组合拼装而成的休憩凉亭。秦汉时期,每十里设置一个长亭,之后发展成每五里设置一个短

亭。早期的石亭一般都是仿木结构的做法,用石材雕刻成相应的木结构而成,在其技术发展成熟后,石材制作的特征就逐渐固化下来,到达明时期已经几乎形成了一个固定的样式,其风格也更加纯朴、朴素。

石雕凉亭按照三种角度区分:石亭层数、制作石材、外观形状。按照石亭的层数可分为单层、双层、三层石亭,这些都可以说是半封闭式凉亭,与此对应的是完全开放式石亭,这种石亭的顶部是空的没有盖子。按照制作石材可以分为花岗岩、大理石石雕凉亭。其中花岗岩的石材品种繁多,各地的芝麻白、芝麻黑、青石等都是可以制作凉亭的,大理石类的石料则一般为汉白玉和晚霞红两种。按照外观形状可以分为四角凉亭、六角凉亭、八角凉亭、扇形凉亭等。

石雕凉亭造型优美,不仅仅是供人休息的场所,而且兼具装饰性,被广泛用于生活中。

福建自古以来就是石雕凉亭的重要生产地,能工巧匠层出不穷。

# 16.海内第一桥——洛阳桥

洛阳桥,曾名"万安桥",位于洛阳江水道之上,也是著名的跨海梁式大石桥,素有"海内第一桥"之誉,是古代四大名桥之一。

历史上,在社会动荡不安之际,大量的中原人南迁,迁到闽南一带的多数为黄河和洛水一带的人士,泉州乃至整个闽南地区所用的语系为河洛语,也就是现在的闽南话。这些中原人士,带来了中原先进、发达的农业技术和经验,引导当地人开垦、发展。他们来到泉州,看到这里的山川地势很像古都洛阳,就把这个地方也取名为洛阳,此桥也因此而得名。

洛阳桥位于福建省泉州台商投资区和洛江区交界,北起蔡襄路,上跨洛阳江水道,南至桥南街,全长 834 米,宽 7 米,经历了近千年的不断修建。

洛阳桥桥墩端部呈船形，两侧有扶栏，用于保护行人；桥的两端建置石塔，用于镇风，塔身浮雕佛像等图案；桥上筑有石亭，供行人休息；桥身及其附属建筑物有许多艺术石雕，造型美观，如有昂首挺拔的石狮，或口含石球的石狮；桥中央碑亭有明万历年间"西川甘露"碑刻和清道光年间石刻"天下第一桥"横额，周边有历代碑刻12方。

## 17.世界桥梁史上之唯一——寿宁木拱廊桥

　　木拱廊桥是一种"河上架桥,桥上建廊,以廊护桥,桥廊一体"的古老而独特的桥梁样式。因其形似彩虹,又被称为虹桥和虹梁式木构廊屋桥;又因桥上盖有"桥屋",桥屋一体,如桥似厝,俗称"厝桥"。木拱廊桥是中国传统木构桥梁中技术含量最高的一个品类,以其造型优美、结构巧妙的独特样式而闻名,《中国桥梁技术史》称廊桥"在世界桥梁史上唯中国有之"。

　　目前木拱廊桥仅存于闽浙边界的乡村,主要分布在福建寿宁、屏南和浙江泰顺、庆元、景宁等地。寿宁县现存 19 座古桥,数量居全国首位,年代序列齐全,被著名桥梁专家唐寰澄誉为"世界木拱廊桥之乡"。此外,寿宁还拥有"廊桥三最",即全国单拱跨度最长的下党鸾峰桥、全国最袖珍的犀溪翁坑桥、全国最年轻的杨溪头桥。

廊桥建造是一个浩大的系统工程，木拱廊桥的技术核心在于桥拱架，以梁木穿插别压形成拱桥，足支撑在两岸的岩石上，底座由数十根粗大圆木纵横拼接对拱而成"八字结构"，不用寸钉寸铁，完全靠桥身的强度、摩擦力和直径的大小、所成的角度、水平的距离等巧妙搭接，结构简单却坚固异常，堪称中国古代工匠的伟大创造。

木拱廊桥虽然在跨度、桥长、桥宽、桥面坡度、桥面用料、廊屋形制等方面有一定差异，但其基本造桥技术却是类似的。主要有选桥址、砌桥台、测水平、上三节苗、上五节苗、立将军柱与剪刀撑、立马腿与桥面板、架桥屋、桥屋脊结构及装饰等工序。在寿宁的木拱廊桥中，基本上都设有神龛供乡民祭祀，桥、屋以及祭祀场所的紧密结合是寿宁廊桥的一大特色。

寿宁木拱廊桥，以其历史悠久、技艺精湛，在中国桥梁史上占据着重要的地位。2005年，寿宁县木拱廊桥制作工艺入选福建省第一批省级非物质文化遗产代表作名录。2008年，福建寿宁、屏南的木拱廊桥传统营造技艺入选第二批国家级非物质文化遗产名录。

# 18.神奇的悬空寺——泰宁甘露岩寺

泰宁甘露岩寺位于福建省泰宁金湖西岸，长滩人形山西侧，是中国十个悬空寺之一，也是泰宁最负盛名的岩寺。

岩寺隐藏于赤石深壑之中，左边一块红色岩石像一口巨大无比的钟，右边那块像一面独步天下的巨鼓；甘露寺便在这钟鼓石之间，所以有个说法叫"右鼓左钟，庙（妙）在其中"，以此来形容其地理位置。钟鼓石前有三棵古松，叫"迎客松"，山门前石碑刻有宋代进士邹恕赞甘露岩诗："兰若半空中，云山第几重。瀑流千丈练，鹤宿五株松。晓钟禅房黑，霜林木叶红。悬崖回首望，归雨过前峰。"这首诗充分体现了甘露岩寺的建筑特色和四周秋季景色。

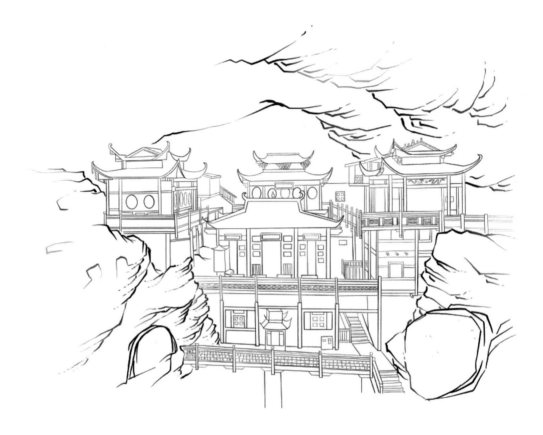

　　甘露岩寺始建于宋绍兴十六年(1146年),距今已有870多年。岩穴高80多米,深和上部宽约有30米,但下部宽只有10多米,呈倒三角形。古人把这地理上的劣势变为建筑上的优势,采取"一柱插地,不假片瓦"的独特结构建筑,即一根粗大的柱子落地,撑托起了4幢重楼叠阁,即上殿、蜃楼阁、观音阁、南安阁,屋顶无须用片瓦,全部建筑都为木质的,没有用铁钉。工艺精湛,巧夺天工,雕梁画栋,别具一格,是我国建筑史上一大杰作,闻名中外。据考证,12世纪时日本名僧重源法师曾三度入闽考察,学习甘露岩寺的建筑工艺,回国后重建了举世闻名的奈良东大寺大佛殿,大佛殿大量使用的"T"形头拱即取样于甘露岩寺,被誉为"大佛样"。20世纪50年代,甘露岩寺被列为省级文物保护单位。

# 19.见证历史的千年古庙——侯官城隍庙

侯官城隍庙位于福州市闽侯上街镇侯官村的华棣山之南,距今已有近 1400 年历史,是古侯官置县的标志。根据历代规制,县治所在地或军事要塞方有建城隍庙的资格,这充分彰显了侯官村曾经的历史地位。

城隍庙坐北朝南,面阔三间,前后两进,整个建筑面积约 1300 平方米。正面为红砖牌楼式门墙,飞檐插云,堂庑巍峨,外围风火山墙,庄严肃穆。东侧与汉镇闽将军庙连成一体,更是蔚为壮观。

从大门进入,绕廊转壁,依次为戏台、拜亭、谯楼、钟鼓楼、大殿等建筑。拜亭两边为钟鼓楼,单侧飞檐翘角,内塑黑白无常雕像。钟鼓楼与谯楼相接,后有上下楼梯。拜亭之后为大殿(分前后殿),大殿面阔三间,进深七柱,为明代穿斗式减柱造木架构,双坡顶,两侧各列五尊神像;后殿亦是双坡顶,有层级天花板;前后殿屋面相接,有天沟;中间奉祀城隍,左右两侧分别为阴阳主宰神像;殿内烛光荧荧,神像庄严肃穆。

　　庙宇外,只见榕树葱茏,又闻啼鸟,四周一派古朴明洁。庙旁的怡心亭里,几张石桌,数条石凳,青石上的花纹和图案,不着任何色彩,依然动人。亭柱上镌刻着一副寓意深远的对联——"旗山不墨千秋画,江水无弦万古琴",似乎在讲述着城隍庙那如画卷、如流水般的千年传说。

# 三、交通工具

## 20.中国的三大古船之一——福船

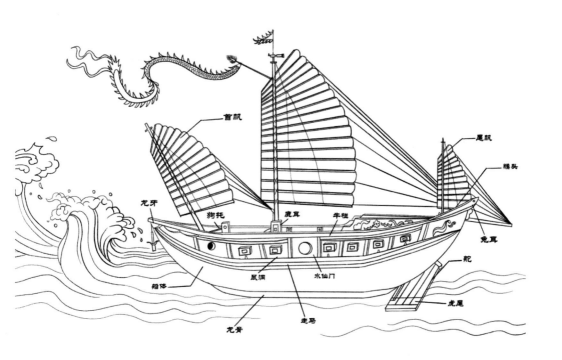

　　福船,又称福建船、白艚,是中国古帆船的一种,与广船、沙船并称为中国的三大古船。福船有两层含义:一是指采用福建造船技术、具有水密舱特征的、主要在福建造的船;二是指给老百姓带来海疆和平安定的福祉的福建的船只。它不仅适合做深海捕捞的渔船,还适合做远洋运输的货船,同时还是我国使臣出使海外的重要交通工具。在宋元时期,福船曾创造了海上丝绸之路的繁华,徐兢出使高丽、郑和下西洋以及册封使出使琉球都是乘坐福船;明朝之后,福船成为战船,装备重型火炮等,且船艏高昂,乘风下压能够犁沉敌船,为保护我国的海疆安全做出了重要贡献。

福船具有尖底造型、小方头阔尾营等特点,规模大结构坚固、容量多善于装载、稳性好抗风力强、吃水深适于远洋的优越性能,且有多层底板、水密隔舱的设计,故有"上平如衡,下侧如刃"之说。

福船有一对"大眼睛",叫作"龙目",其大小形状都颇有讲究。龙骨每长一丈配龙目长四寸,渔船的龙目是往下看,意在寻找鱼群,而商船的是朝前看,意在识途。

福船中的水密隔舱,简单来说,就是用木板将整个船舱横向隔成一个个密闭而不相通的小空间。这样的好处是,首先,一旦船只发生触礁等事故,船舱不至于整体进水而沉没;其次,可以分类存储货物;最后,安装的舱板还可以起到加固船体的作用。可谓一举三得,是充满智慧的创造。

作为我国历史上木质远洋船舶中的佼佼者,福船既是中华海洋文明的传播载体,也是世界航海史上的璀璨明珠。

# 21.古代特殊的交通工具——轿子

在我国,轿子约有四千年的历史。据《尚书·益稷》,大禹治水时,"予乘四载,随山刊木",这应该就是轿子的雏形。而"轿子"一词,五代时已有,但作为普遍使用的工具则是在宋代。《明史·舆服志》有"轿者,肩行之车"之说,因此轿子又称"肩舆""平肩舆"等,是我国古代一种靠人或畜扛、载而行,供人乘坐的特殊交通工具。

轿子的结构,不同时代略有不同。一般来说,轿子是由底座、边框、立柱、栏杆、顶盖、轿杆和抬杠几部分组成。轿厢或全封闭,或半封闭;轿身

围以帷幔,轿前开有小门,供乘者出入;轿子的底座呈长方形,顶盖如同四面起坡的房顶形式;轿杆或固定于轿厢中部,或捆绑在底部边框上。

　　古代的轿子在形制上,一般分为凉轿(亮轿)和暖轿(暗轿)两种。其按用途则分为官轿和民轿两种。官轿是皇家、官员的主要交通工具,是权力和荣耀的重要标志。不同品级的文官坐的轿子有着明显的区别,主要体现在轿的大小、帷幔用料、质地和轿夫的人数等方面。民轿亦有多种,主要有蓝布二抬轿或四抬轿、黑色小轿、花轿和素轿等。蓝布二抬轿或四抬轿,一般为富门商贾备用的私人轿。黑色小轿则齐头、平顶,以皂布围幔,轿身轻巧黑漆;由轿铺提供,一般是外出拜客、游玩时租用,或官府办事人员外出时急用。花轿,亦称喜轿,一般专用于百姓的婚嫁迎娶等喜庆活动中。素轿,又分两种:一种供女子出行时使用,轿身以青布围幔;另一种则是殡葬时使用的丧轿,以白布围轿身,讲究者还要在轿上扎白绸球。

# 22.风靡一时的载人工具——黄包车

黄包车,也叫人力车,是一种用人力拖拉的双轮客运工具。那么黄包车为什么姓"黄"呢?这个名字起源于1913年。当时公共租界工部局为了区别私人人力车和营运拉客的公共人力车,颁布了一项规定,公共人力车必须漆成黄色,因此人力车就逐渐被称为"黄包车"。

黄包车来源于日本,因此又被称为"东洋车"。1874年,法籍商人梅纳德(Menard)从日本引进300辆黄包车,在上海法租界开办了第一家人力车公司,很快就风靡京、津、沪、汉等各大都市。黄包车最初引进时,有单座和双座两种。车轮高大,木制,外包铁皮;后黄包车的车轴和车轮经过改进,先后出现钢丝轮、铁轮、木轮嵌橡皮、钢丝轮橡皮充气胎等;到民国初年,全部改用橡皮胎和橡皮充气胎。有的黄包车上还装有喇叭、车灯、防雨篷、暖篷等,夏天防晒,冬天御寒,雨天遮雨,舒适度大大提高了。

黄包车因其便捷、经济,适合中国城市道路而被大众普遍接受。20世纪二三十年代黄包车不仅成为中国大城市最常见的载人交通工具,而且风靡亚洲各国。亚洲许多国家和地区还发行过黄包车邮票。20世纪50年代初,黄包车在中国退出了历史舞台。

## 23.与人类文明同步发展的交通工具——马车

马车的历史十分久远,几乎与人类的文明一样漫长。在没有发明机动交通工具之前,马车是人类最重要的运输工具,在人们生活中占有重要的地位。

人类发明了以滚动方式前进的轮子后,才有了车。最初使用人力拉车,后嫌费劲,才改用牛拉车;又嫌牛车太慢,故有"老牛拉破车"之说。后来马车出现,早在武王伐纣时期(前11世纪)就有"戎车三百乘"的记载了。先秦时期马车曾分为两种,即乘用的战车和坐乘用的安车。当时的战车数量,甚至可以用来衡量国力,故有"千乘之国""万乘之国"等说。后来由于战事逐渐从中原地区扩大到北方山地和南方地区,经常发生"毁车以为行"之事,马车便逐渐转变为交通运输工具。运载货物是马车的一大功能。

此外,还发展出医疗救护马车、消防马车、载客公共马车、邮政马车、外出游览用马车,以及四轮殡仪马车等。

早期的载人马车是没有顶棚的,为免风吹日晒,后来才装了顶棚或做成四面围住并留门窗的车厢。我国在秦汉时期就已经在马车顶上加装"华盖"了。

马车还是身份的象征,古时曾有"贵者乘车,贱者徒行"之说。随着汽车、火车等现代交通工具的出现,马车逐步退出了运输领域。

特别有趣的是,古代驾马车的人,必须"持证上岗",跟现在的司机必须有驾驶证一样,而且同样扣分、罚款。秦时期的《除吏律》就明确规定:"御人"(即驾驶员)技术4次不过关,撤销其驾驶资格,罚4年徭役并处罚金。

## 24.穿行于山间的运输工具——山地独轮车

独轮车是一种以一个车轮为标志的运输工具,结构简单,极易倾覆。奇怪的是,中国古代劳动人民用它载人、载重,长途跋涉平稳而轻巧。有人认为独轮车的创始者是三国时期的蜀相诸葛亮,但据相关史料记载,西汉晚期就已经有独轮车了,当时称之为"鹿车"或"辘轳车";三国以后,独轮车被广泛使用。

中国的独轮车除由人推、牲畜拉之外,更有在车架上安装风帆,以利用风力推车前行的发明,这种独轮车被称为"加帆车"。独轮车的载重量

大,其运输量比人力负荷、畜力驼载多数倍,而且十分适合在崎岖的小路
和山峦丘陵中行进。

独轮车在相当长的一段时间内,是农民的重要交通工具,如往地头送
肥料,从地里往回运庄稼,推"婆姨"回娘家拜大年、赶庙会等。驾驶独轮
车是一件技术活。独轮车本就不好把握平衡度,早期的轮子又是木制的,
不够圆滑,推行时费力费神。可是农民们只要往肩上搭一块叫作"袢"的
软带子,两头钩在把手的铁环上,双手握车驾,就可以轻松上阵;而且可以
在独轮车的前顶部放置筐子、口袋、庄稼捆子,甚至坐人。

随着时间的推移,现在农用的独轮车都是经过改进的,车架是铁制
的,中间上了轴承,木轮也被现代的车轮代替,重心下降,滚动起来平顺、
流畅,推起来也更加省时、省力了。

# 四、人生礼俗

## 25.孝德习俗——祝寿礼

祝寿礼是人生礼俗中的一个重要组成部分。《礼记》《尚书》《诗经》中均有相关记载。寿庆一般从50岁（虚岁）开始，50岁为"大庆"，60岁以上为"上寿"，两老同寿为"双寿"。民谚云："三十、四十无人得知，五十、六十打锣通知。"在寿辰日，儿女要隆重地给父母做寿。

做寿一般要提前三日发送请柬，否则就被视为失礼。民谚云："三日为请，二日为叫，一日为提。"亲友接到请柬，便准备寿礼，届时前往拜寿。主人则要大摆寿宴，款待宾客。莆仙民间祝寿沿袭了古代风俗，俗称"做十"。一般说，男女到了50岁，逢十都要祝寿。

莆仙地区的祝寿一般分为两天，在老人寿辰的前一天，儿女和媳妇、女婿给老人献寿礼。寿礼通常有"寿龟""寿桃""寿糕""长寿面""寿比南山寿幛"等，称"暖寿"。出嫁女儿送来祝寿礼盘，奉敬猪腿、寿面、衣帽鞋袜等寿礼。凡父母双全的，必须备双份寿礼。受拜者收礼物时，除衣帽袜外，面食类不能全收。

寿辰之日，做寿的老人晨起后，就要在中堂进行拜寿仪式。拜寿时，中堂上寿烛高燃，上悬红底金字的寿屏。做寿的老人正中而坐，儿子、儿媳、女儿、女婿、孙子、孙女等依长幼次序，一一跪拜。寿星则会以红包为回礼，每人一封，之后合家宴会，相聚一堂，热闹非凡。同时，还要向左邻

右舍分送"寿龟""红柑""寿饼"等。富户还会摆设寿筵,请道士做"诞生醮",或聘请戏班演戏酬神,或放映电影以表庆贺。

# 26.人生之始的祝福——闽南抓周习俗

　　抓周,也叫试儿、试周、揸生日。抓周礼是婴孩出生满一年而举行的一项很重要的仪式,在南北朝时期就已在民间流行。颜之推《颜氏家训》中有这样一段记载:"江南风俗,儿生一期(即一周岁),为制新衣,盥浴装饰。男则用弓矢纸笔,女则刀尺针缕,并加饮食之物及珍宝服玩,置之儿前,观其发意所取,以验贪、廉、愚、智,名之为试儿。"

　　在闽南,婴孩周岁俗称"度晬"。"度晬"这一天实际上就是人们的第一个生日,是自婴孩出生以来最为隆重的一个喜庆日子。这一天,主人要特别制作以糯米或面粉为原料的"度晬龟"或"四脚龟"馈送亲友,祈望婴孩能像善爬的龟那样,较快地开步走路,又能像龟那样健康长寿。外婆家于外孙周岁时所送的礼品甚为丰厚,有衣帽鞋袜、披风、童被、布料,以及八卦项链、长命锁链、手镯脚环等金银饰品,其中缀绣的"度晬裘"(披风)和虎头图案的虎耳帽、虎仔鞋,颇有特色,寓有避邪、吉庆、长寿之意。

这一天,民间常有抓周习俗。父母为周岁的婴孩沐浴后,穿上外婆家送来的新衣服、鞋袜,抱到厅堂去抓周。这时,厅堂早已摆满了书、笔、算盘、秤、尺、剪刀、玩具等,任其自由抓取周围的东西。大人则以他所抓着的东西,来预测他的未来。

## 27.玉人十六,有女初成——及笄礼

及笄礼,俗称上头、上头礼,是指汉族女子的成人礼,古代嘉礼的一种。笄,即簪子。自周代起,贵族女子会在订婚(许嫁)以后、出嫁之前举行及笄礼。古代及笄礼一般在十五岁举行,如果一直待嫁未许人,也可至年二十行及笄礼。闽南地区的及笄礼则是在女子十六岁生日时举行,而且特别隆重。

及笄礼时,家里所备的各物与男子冠礼时相同,备办三牲等,唯加寿面、白饭各一碗,以最后一次答谢床母、檐口妈和夫人妈诸神的庇佑之恩,并以糕、粿、粽、面线等物分送亲友邻居,设宴招待。

及笄礼仪式一般只需一张供桌,桌上供奉荤素糕果共 24 碗即可,个别人家会再添加一两桌供品。是日,外祖母家要送成年衣帽鞋袜或布匹、鸡蛋、寿面等表示祝贺。

# 28.穿针引线,乞求智巧——乞巧礼

七夕节,又名乞巧节、七巧节、七姐诞,是华人地区以及部分受中华文化影响的东亚国家传统节日。2006 年,七夕节被列入第一批国家级非物质文化遗产名录。

泉州七夕节是以口头载体(传说、谚语等)和实物载体(小吃、针线等)为依托的一种民间节日活动。其习俗内容丰富,形式多样。

庆"七娘妈生"。清乾隆《泉州府志》卷二十"风俗":"七夕:乞巧。陈瓜豆及粿,小儿拜天孙,云续命缕。"七娘妈是美丽、善良、慈爱、吉祥的化身,她不仅能给小孩子带来抚爱、温暖和幸福,而且能庇佑孩子健康成长,因此民间就有了七夕"拜天孙"的习俗。每年农历七月初七日中午时分,泉州各家各户均会在自己的檐口前摆上方桌,敬祀七娘妈,为家中未成年的子女祈福。旧时人们要备瓜果菜肴七盘(如时令小芋头,上面绕上红纸,喻"芋仔芋孙")、胭脂花粉七件、剪刀七把、燃香七柱、酒盏七个、筷子七双、小型纸轿七乘等,然后把七娘妈的六位姐姐全部请来,共庆"七娘妈生"。

挂"七娘妈灯"。清末陈德商《温陵岁时记》:"七夕:……家各悬一纱灯。一书七娘神灯,一画一仙女骑鹤,一男子衣冠仰视,云是董永遇七仙女事。泉中亦有《仙女送》传奇,指此。"七娘妈灯是一种长圆形的灯笼,上面画着七仙女的图,一般在下面还挂上一串有各种颜色的花串。如果当年哪家有小孩出生,或者有刚结婚的新媳妇,在农历的七月初就开始悬挂灯笼,甚至是挂在新婚夫妻的新房门口,有早生贵子的寓意。

"穿针乞巧"。此节俗历史悠久,早在西汉时期就有相关文献记载。《岁时广记》载有:"宫中七夕,妃嫔各执九孔针、五色线向月穿之,过者为得巧。"民间百姓的乞巧活动虽然没有宫中烦琐的场景及精巧的器具,但也是日常节俗中必要的仪式之一。

# 29.喜结连理,比翼双飞——畲族婚俗

**(1)黄牛开路**

    闽东畲族婚俗是畲家最有特色、最富情趣的民族习俗活动,被誉为畲族传统文化中的瑰宝。2005年,闽东畲族婚俗入选第一批省级非物质文化遗产代表作名录。

畲族恋爱婚姻比较自由,青年男女在公开场合相识、约会,然后告知父母,托媒说亲。畲族婚嫁需要经过定亲、讲杠、择日子、备嫁妆、做表姐、做亲家伯、讲祖公、出门酒、出嫁、拜堂、办正酒、做女婿、做头客等程序,其中"黄牛开路""对拦路歌""麒麟接凤""抱上花轿"等则是特色的环节。畲族婚礼中,新娘上轿,一般由"大姐"取一茶盘,盘内放一个"安心镜"、一把剪刀、一把尺、一盒熟鸡蛋、十二粒桂圆,移放在新娘座位上,以示避邪护身;由舅母撑伞,待新娘上轿后即封轿门(轿符)以抵诸邪;赤郎即将花轿抬出大门外,并鸣放鞭炮。此时女家即关大门,新娘在轿内停止哭泣,不再转头看娘家。花轿抬至村外百米左右就得停下,让新娘从轿顶上递出一红包(即"回头包")交给胞弟,以示娘家财丁两旺。如果同日有两家姑娘出嫁,同走一路,或同走其中一段路,那就得用"黄牛开路"。因为新娘的一切都要是新的,后走者,走的是旧路,担心"福缘"被先走者带尽,就要在黄牛或水牛的牛角上挂红布"踏路"领先,表示"金牛"开道,开辟新路。娘家家境好的,还会直接用踏路牛做嫁妆。

遇到上述情况,一般是两家事先协商好,或让路远的先走,以免发生抢先的情况;或不论婚嫁路程远近,让辈分大的姑娘先上轿。这些生动体现了畲族鲜明的民族特征和浓郁的乡土气息。

**(2)踏米筛**

踏米筛是畲族婚礼中的一个重要环节。畲族新娘梳好"凤凰头",穿上凤凰装,上轿前要踏米筛向祖宗礼别。相传,三公主是高辛帝的女儿,她出嫁时,可不拜天、不拜地、不跪拜祖宗,双脚也不能踩地,于是便有了踩在米筛上向祖宗点头礼别的习俗。米筛是畲族洁净而又贵重的生活用具,新娘踏米筛有多重含义:一是表达对祖先的感恩和对生活的敬畏;二是表示对三公主的尊重;三是寓意着男女双方家庭和睦团圆,幸福吉祥,五谷丰登,兴旺发达。

### （3）男跪女不跪

"男跪女不跪"或"男拜女不拜"是畲族婚俗中极富特色的传统之一。这一习俗起源于盘瓠文化传说中的凤凰公主故事。相传，畲族祖先忠勇王打退番王的侵略，高辛帝招他为驸马，婚礼上特免公主跪拜之礼。因此，拜堂时，新郎要向"香火堂"祖宗牌位行三跪九叩礼，新娘则只须手执花巾掩面，或施"万福"礼点头即可，以示对畲族始祖婆三公主的尊重。

# 五、民间风俗信仰

## 30.开闽第一人——王审知

开闽尊王王审知（862—925），河南固始人，又称"八闽人祖"，在福建享有极高声誉，对福建具有划时代的贡献。他于唐光启元年（885年）进入福建，在闽期间，奉行"保境安民"策略，一心一意谋发展，护统

拒独,开创"时和年丰,家给人足"的局面;招贤纳士,发展教育,整理文献,弘扬文化,传播中原先进文化和农业技术;卓有远见地开辟了甘棠港,拓展海上贸易新航线,奠定了福建海上丝绸之路对外贸易的格局,是海丝之路先驱者;每以节俭自处,选任良吏,省刑惜费,轻徭薄敛,为民休息,三十年间,一境晏然。

王审知信俗源于五代后晋、北宋。为感念王审知德政,福建官民在厦门北辰山修建了纪念闽王的广利庙及其衣冠冢,而位于福州鼓楼区庆城寺之东的闽王祠则是由原闽王府旧宅改建而成。祭祀一般分为春、秋两祭,皆以闽王祠、闽王墓为主要活动场所,由官府主导,民众参与,官民共祭。祭祀活动包括祭拜闽王的典礼仪式、敬天酬神、祈神求福、踩街游艺、戏曲阵头表演等,文化意涵丰富,表现形式多样,具有群众性和礼仪性特征。1961 年,闽王祠和闽王墓皆被列为首批福建省文物保护单位。2017年,福建省福州市晋安区和厦门市同安区申报的王审知信俗被列入福建省第五批省级非物质文化遗产名录。

"十八姓"随王入闽,其后裔多有迁徙至我国台湾地区及海外各地。目前闽王庙遍布闽、港、澳、台及东南亚各地。闽王祠是海峡两岸民众共同祭祀和缅怀王审知的最重要场所之一,成为闽台人民寻根谒祖的圣地,两岸数万王氏宗亲共祭闽王,共同缅怀这位"开闽第一""八闽人祖"的丰功伟绩。

# 31.中国影响最大的航海保护神——妈祖

妈祖信俗,又称神女信俗、灵女信俗、神姑信俗、元君信俗、天妃信俗等,随着历代民间、朝廷或宗教对妈祖的称号、封号先后不同而嬗变。妈祖信俗是以崇奉和颂扬妈祖的立德、行善、大爱精神为核心,以妈祖宫庙为主要活动场所,以庙会、习俗和传说等为表现形式的中国传统民俗文

化。2009年,妈祖信俗被列入世界非物质文化遗产,成为中国首个信俗
类世界遗产。2021年,妈祖信俗入选"福建文化标识"。

妈祖,原名林默(960—987),福建省莆田市湄洲岛人。相传她自幼勇
敢聪明,事亲至孝。8岁从师学习,过目成诵,悉解文义;10岁随母亲王氏

诵经礼佛;13 岁得一老道士指点,授以"玄微秘法",能识诸般要典;15 岁能为人治病,扶贫济困;16 岁照妆于井,得铜符一双,本领更加高强。她熟习水性,能驾船、挽缆,巡游于岛屿之间,常于风浪里救助遇险船舶;她行医救人,辛勤劳作;等等。宋雍熙四年(987 年),妈祖因救助海难而献身,被该岛百姓立庙祭祀,成为海神。

妈祖信俗的表现形式可分为三大系列十大类别。三大系列包括祭祀仪式、民间习俗和故事传说;十大类别包括妈祖传说、妈祖服饰、妈祖祭典、妈祖庙会、妈祖供品、妈祖金身巡安、妈祖回娘家、妈祖信众谒祖进香、妈祖道场和妈祖蔗塔。妈祖祭祀活动主要包括湄洲妈祖祖庙谒祖、分灵、供献鲜花,燃蜡烛、香火、放鞭炮,以及晚上的"妈祖灯笼"游行等。

妈祖信俗已深深融入沿海地区中国人以及许多海外华人的生活,成为促进家庭和谐、社会融洽以及强化社会团体身份认同感的一个重要文化纽带。

## 32.妇女和儿童的保护神——陈靖姑

临水夫人陈靖姑(767—791),出生于福州下渡,小名陈十四,民间将其称为娘奶、奶娘、夫人奶、陈十四娘娘、大奶夫人等。宋代以后,陈靖姑屡次受到朝廷敕封,故其尊称或封号甚多,有顺懿夫人、慈济夫人、临水陈夫人、天仙圣母、临水陈太后、顺天圣母、碧霞元君等。相传陈靖姑生前斩蛇伏妖,二十四岁祈雨流产身亡,死后救产、护胎、佑民,成为妇女和儿童的保护神,被誉为闽东与闽江流域第一保护神,是福建最有影响力的陆上女神。《福建通志》《八闽通志》《闽都记》《闽都别记》《福州府志》《仓山区志》《古田县志》等均有相关记载。2008 年,陈靖姑信俗文化被列入第二批国家级非物质文化遗产名录。

以古田临水宫祖庙(古田县古属福州府)为发祥地的陈靖姑信俗文化

历经千年积淀,已成为海峡两岸同胞和世界各地华人社区颇具影响的文
化现象,是中华传统文化的重要组成部分,涵盖了民间信仰、宗教、历史、
文学、艺术、社会学、人类学等领域,蕴含着深刻的思想、道德、伦理、信仰
价值。明清以后,陈靖姑信众遍及福建、浙江、江西、广东、台湾等地,以及
东南亚各国。目前世界各地共有 4000 多座临水宫分宫,信众超过 1 亿。

# 33.中国医神——保生大帝

　　保生大帝信俗,发祥于厦门青礁慈济宫和漳州龙海白礁慈济宫,是福
建继妈祖之后普受人们尊奉的民间信仰之一。龙海白礁慈济宫是公认的
保生大帝祖庙。2008 年,保生大帝信俗被列入第二批国家级非物质文化
遗产名录。

　　保生大帝,原名吴夲(979—1036),俗称大道公、吴真人,出生于福建
泉州府同安县白礁村(今漳州市台商投资区角美镇白礁村),祖籍泉州安

溪感德石门村。从小吴夲父母因病双亡,故而他立志学医,刻苦钻研医术,誓帮百姓摆脱病痛。后结庐于龙湫坑畔,凿井取泉,采药炼丹,为民治病。在行医的过程中,他第一用药草,第二用针灸,第三用推拿;他为人治病,不分贵贱,上至皇亲下及庶民,按病投药,不受赏不索谢。他以医术高明、医德高尚而备受百姓敬仰。宋景祐三年五月初二日(1036 年 5 月 29 日),吴夲上山采药时,不慎坠崖仙逝。为缅怀他的恩德,当地百姓在龙湫坑畔建造龙湫庵,奉他为神明祭祀。绍兴三十年(1160 年),宋孝宗赐庙号“慈济”,改名慈济庙;淳祐元年(1241 年),奉诏改庙为宫。吴夲神灵显赫,得到历代帝王的褒封,由公、侯、真人、真君,至“万寿无极保生大帝”,逐渐成为当地百姓求医问药、祈福禳灾的医神和保护神。《福建通志》《漳州府志》《同安县志》《台湾县志》等均有相关事迹记载。

保生大帝信俗的内容主要有祭祀和卜签两类。祭祀类有庄严肃穆的官方祭典,也有热闹的进香巡游。卜签类分药签和灵签两种,药签上的药方基本符合药理,简洁、方便、有效。随着闽南移民迁移而遍布闽台及东南亚等地区,保生大帝成了海峡两岸共同信奉的保护神。该信俗活动也成为富有地方特色的民俗文化活动,是海峡两岸同宗、同缘、同信仰的见证。

# 34.一代忠贞垂史传——陈文龙

陈文龙(1232—1276),字刚中,号如心。福建莆田人,南宋咸淳四年(1268年)的状元,宋度宗御笔改名为文龙,赐字君贲。景炎元年(1276年)南宋小朝廷经闽败逃广东,建宁、泉、福等州皆降,八闽中兴化成为孤城,参知政事兼闽广宣抚使陈文龙集民兵数百人坚守兴化,屡斩多批招降的使者。由于部下曹澄孙私开城门降元,陈文龙虽英勇抗敌,终因力尽被缚,随即绝食,被械系押解至临安(杭州),后拜谒岳飞庙时大恸,当天晚上吞香灰自尽于庙,葬于孤山智果寺旁。后人将陈文龙与岳飞、于谦三位爱国英雄并称为"西湖三忠肃"。

在抗元斗争中,元军多次多方威逼利诱,陈文龙始终大义凛然,威武不屈,慷慨殉国,被《宋史》等广为渲染,成为忠君爱国的典范。明孝宗时,正式将陈文龙列入诸神祠,进行官方祭祀。而百姓对陈文龙的感情则是从钦佩、叹服、尊崇,进而升华为一种民间信仰。相传阳岐村有村民在乌龙江边拾到陈文龙遗落的官袍,因感其忠烈节义而自发建庙予以奉祀,此为最早的尚书祖庙。明天启七年(1627年),将原庙宇移至阳岐村凤鸣山下。庙建成后,历经沧桑,几度重修。清乾隆碑刻载:"祖殿水部尚书三次敕封,加封镇海王。"故称陈文龙庙为"尚书庙",陈文龙为"尚书公"。

随着社会的发展,海上贸易的繁荣,陈文龙形象由忠义祀神逐渐演变为海神。每逢清明节、七月十五日、十月初一日,各地城隍庙张灯结彩,锣鼓喧天,举办祭祀活动,以纪念陈文龙。

近代民族英雄林则徐十分景仰陈文龙,曾多次亲自祭祀,并撰联歌颂陈文龙"一代忠贞垂史传",与文天祥"隆名并峙";大思想家、翻译家严复在其家乡福州阳岐村发起重修尚书庙之事,亲题门额"尚书祖庙",并撰联立柱赞颂陈文龙的无量功德。陈文龙的爱国精神,深深感动历代后人,已经成为爱国主义教育的典范。

# 35.客属盛典——宁化石壁客家祖地祭典

1990年3月,宁化县旅游局在石壁张氏宗祠举办了客家文化庙会,并首次将石壁公开称为"客家祖地"。1995年,石壁客家公祠落成,并举办了首届世界客属石壁祖地祭祖大典。此后,每年举办一次,吸引了世界各地的客属民众。

西晋时期永嘉之乱,中原汉人大规模南迁。唐末,黄巢起义,南迁的汉人翻过武夷山来到宁化石壁,在这里繁衍生息,逐渐形成了以石壁为中心的特色鲜明的汉人客家民系。随后向粤闽赣地区扩展,至今已达近亿人口,遍及世界五大洲 70 多个国家和地区。据史考,张九龄、洪秀全、孙中山、郭沫若、朱德、叶剑英、李光耀等名人均是宁化石壁外迁客家人之后裔。

每逢祭祖大典时，来自世界各地的客属乡亲身着传统客家服饰，纷纷来到客家祖地广场，在热情粗犷、富有客家习俗特色的欢迎仪式中，小伙子们燃响了震耳的客家礼铳，以客家人最高的待客礼节向来宾表示敬意；客家妹子则热情地递上"橘饼茶"，道一声祝福问一声安；然后由舞龙锣鼓开道，乡亲穿过雄伟的客家祖地牌坊，踏上赫红色的象征着客家祖先开拓进取精神的"客家之路"，来到世界客家人总家庙——客家公祠前，汇集在祭旗杆下，举行庄严的升祭旗仪式，随后开始祭祖大礼。来宾们肃穆地进入公祠内的神祖堂中，伫立在客家160个姓氏的始祖神位前，庄严地向祖先神位行三叩九拜之礼，共同缅怀客家先祖从中原到石壁，以汗血铺就求生路的慷慨与悲壮的经历，以及他们勤奋节俭、刻苦耐劳的传统美德。

# 36.海洋祭祀活动——厦门送王船习俗

送王船，也称"送王""烧王船"，厦门地区俗称"做好事"，是流传于闽南和台湾西部沿海地区的一种民间习俗，它以送船入海或海边焚船的形式祭祀神灵、普度海上遇难的亡魂，祈求海上平安和渔发利市。送王船至今已有600多年的历史，通过掷筊在固定的农历月份确定某一天举行。要先制造一艘王船，或是用杉木制成，或是纸制，把王爷请上王船，载上柴、米、油、盐以及其他生活用品等实物，并在海边举行焚烧仪式。

厦门送王船习俗是福建沿海渔村"用船送魂"遗俗的演变，源于古闽越土著海洋文化的舟楫信仰，兴于"灵魂不灭"的原始宗教观念与"事死如事生"的丧葬文化，在与汉民族融合的演变发展中同瘟神崇拜、鬼魂祭祀

交互影响。相传福建沿海之所以台风肆虐、瘟疫横行、神鬼作祟,都是"王爷千岁"惹的祸,而"王爷千岁"的老巢在缥缈的海岛上。在道士的指引下,渔民们每年便在特定时期用"烧王船"的方式把王爷送出海。送王船一般历时 5 天,整个过程包括迎王、示神、祭祀、普度、出巡、烧船 6 个仪式。

## 37.闽地现存规模最大的武庙——通淮关岳庙

关岳信俗是一种以崇奉和颂扬关羽、岳飞的仁义礼智信精神为核心,以祭祀、习俗、传说、技艺等非物质文化遗产和庙宇、古迹、祭器等物质文化遗产为表现形式的民间信仰习俗,主要分布在福建泉州、港澳台等地

区，以及菲律宾、马来西亚、新加坡、日本等国家。2011年，泉州关岳信俗
入选福建省第四批省级非物质文化遗产名录。

泉州是关岳信俗的发祥地，其中最为活跃的是通淮关岳庙。该庙位
于泉州市鲤城区涂门街，俗称涂门关帝庙，为关岳信俗的核心庙宇，也是
福建省现存规模最大的武庙。庙内奉祀着关圣帝君、岳忠武王，配祀历代
著名忠武将士二十四尊。

泉州关岳信俗表现形式和内容主要有祭祀庆典、进香拜谒、绕境巡
游、占卜、诵读劝善书、传说故事、传统技艺等多种，同时还衍生出一大批
富有地方特色的民间音乐、舞蹈、戏曲、武术项目等。关岳信俗活动不仅
丰富了群众的文化生活，而且促进了民间文化艺术的发展。

# 38.福建晋江传统民俗——东石灯俗

　　晋江东石灯俗(元宵)，原名"数宫灯"，是福建省晋江市地方传统民俗。该灯俗发端于明末清初，盛于民国期间。2008 年，闽台东石灯俗被列入第二批国家级非物质文化遗产名录。

　　晋江东石灯俗活动从农历正月十三日开始，为期三天。每次活动要求上一年结婚的新郎把新娘陪嫁的宫灯挂到三公宫内。元宵午夜时分，众新郎齐集三公宫。一盏公共大红绣球灯挂在正中，主事者通报当年台湾地区及当地的宫灯数，共庆两岸人丁兴旺。这种世代相沿的元宵数灯习俗反映了东石人对家族兴旺、子孙昌盛的热切期盼，是中华民族文化凝聚力的生动体现。

"卜灯"是灯俗活动的重头戏。新郎们在三公爷座前掷茭杯,掷杯数最多的人放鞭炮,并迎请红绣球灯回家;晋江东石本地必须出动"蜈蚣阁"进行欢送。随后,其他人也将各自宫灯迎回家,挂在新房内,祈求三公爷保佑婚姻幸福美满,早生贵子。通常宫灯要挂到新娘生儿育女后方才取下。

## 39.割不断的血脉亲情——福建祭祖习俗

福建的祭祖活动十分隆重和频繁,每逢重要的时节,如清明、中元、冬至等,族人便聚在一起共同祭祀祖先,这个传统一直保留至今。福建祭祖习俗主要源于对祖先的崇拜,是一种在血缘关系支配下的、以扫墓祭祖为主的祭祀活动。每当时节来临,福建地区的外出人员一般都会回家过节。

祠祭是家族祭祀活动中最正规的一种形式。祭祖仪式是在供奉祖先神主牌位的地方——祖祠、宗祠内进行的,且以追思祖德的族祭最为隆重。祭祀时间通常选择在当日的中午。每当节日来临,各家各户要挂上红灯笼、贴上红对联,还要穿红衣、搓红丸,随后鸣鼓乐、放鞭炮、上香、献花、上供、敬酒、读祭文、跪拜,有的还会请僧道做法事等。闽南一带还会做"润饼菜",俗称"润饼""薄饼""擦饼",是一种以面粉为原料擦制烘成薄皮,再卷以胡萝卜丝、肉丝、蚵煎、芫荽等的即食食品,甜润可口。厦门素有"清明吃薄饼"之说,即清明节时,一家人在扫墓祭祖后都要聚在一起包薄饼吃。如今,闽台多数地方还保留这样的风俗习惯。

祭祖习俗是延续宗亲关系的必不可少的活动之一。宗族活动的形式主要有建祠堂、祭祖、修祖坟、置族产,以及编族谱等。只要有条件,福建籍移民都会在相关节日返乡拜祖,续修族谱,寻根怀祖。

# 六、民间工艺

## 40.民间艺术精品——福州软木画

　　福州软木画，又称木画，是流行于福州地区的一种雕画结合的传统手工技艺，为"榕城三绝"之一，盆景被称为民间艺术精品。2008年，其被列入第二批国家级非物质文化遗产名录。

　　软木画以松软柔韧、富有弹性的栓树皮（俗称软木）为材料，快刀作画，削取薄片，运用浮雕、圆雕、透雕等技法，精雕细镂成花草树木、亭台楼阁、栈桥船舫和人物形象,再用通草做成白鹤、孔雀、麋鹿等鸟兽,根据画面设计,粘在衬纸上,配制成立体、半立体的木画,装在玻璃框里,就成了独具一格的艺术品。

软木画借鉴我国园林造景的"框景"艺术手法,构图新颖别致,画面层次分明,色调纯朴典雅,形象逼真动人。其内容反映了祖国锦绣河山、名胜古迹和花草虫鱼、先贤故居等,同时还可按创作者意图,设计雕刻出世界各地风光和私邸家园等,风格独特,工艺精湛,且具有轻便、不变形、不脱胶、抗腐蚀等优点,使人如有亲临其境之感,咫尺之内能瞻万里之遥,方寸之中可辨千里之秀。1959年以来,人民大会堂曾四次邀请软木画艺术家赴京为福建厅、台湾厅做装饰,公开展示了《武夷风光》《福州西湖》《鹭岛风光》《泉州东西塔》《土楼奇观》等一批软木画的精品佳作。

# 41.千年绝活——永春纸织画

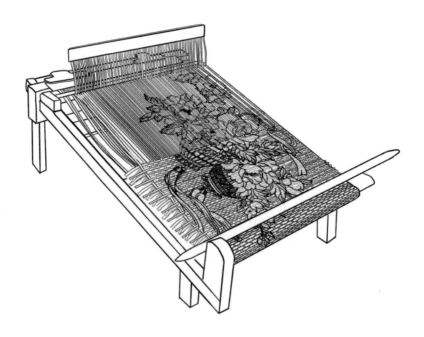

纸织画是福建省永春县特有的传统民间艺术品,与杭州丝织书、苏州缂丝画、四川竹帘画并称为中国的四大家织。《永春州志》卷十一记载:"织画,此为永春特产。其法以佳纸作字或画,乃剪为长条细缕而以纯白之条缕经纬之,然后加以彩色。"永春纸织画历史悠久,相传源于隋末唐初,盛唐时期已有专营纸织画作坊;宋代的纸织画曾远销南洋各埠,成为富贵人家的柜中珍品;明代已成为宫廷进贡的礼品和达官显贵收藏的珍品。据史料记载,清康熙、乾隆皇帝十分喜爱纸织画,北京故宫博物院至今仍珍藏着乾隆年间的纸织画《清高宗御制诗十二扇屏风》。2000 年 3 月,永春县被文化部命名为"中国纸织画之乡";2011 年,永春纸织画被列入第三批国家级非物质文化遗产名录。

永春纸织画工序主要为绘画、剪裁、编织、裱褙等四道。在制作时,先将画好的中国画进行托裱,再用小刀裁切成一二毫米宽的纸条为经线,然后取同等规格的白纸做纬线,用手工重新编织成画面,最后经裱褙和补色方才完成一幅作品。其画面"近看远观各不同",近看纸痕交织,经纬明显,凹凸有致;远观纱,物象缥缈朦胧,若隐若现,如诗如梦。人物画则形神兼备,惟妙惟肖;动物画活灵活现,栩栩如生。其作品既有中国画的韵味,又多了一份"隔帘观月,雾里看花"之朦胧美感,堪称民间工艺一绝。

# 42.千雕万刻显神韵——漳州木版年画

漳州木版年画是一种在木质平板上镌刻画稿,后以短版法套印于纸上的民间版画艺术,主要流传于漳州的芗城区,闽南、岭南一带,台湾、香港等地,以及东南亚。漳州木版年画始于宋代,盛于明清。它构图大方,造型夸张,在粗犷简洁中兼具纤巧细腻。2006 年,其入选第一批国家级非物质文化遗产名录。2019 年,漳州市艺术馆获得漳州木版年画项目保护单位的资格。

　　漳州木版年画题材广泛,内容丰富。从内容上看,有门神类、风俗节令类、宗教祭祀类等,主要用于喜庆迎新、祈求吉祥、避邪消灾、装饰图案等。从形式上看,有门画、门顶画、中堂画,独幅画、连环画等,原有200余种,现存60余种,其中以门画居多。

　　年画的雕版分阳版和阴版两种。印制"幼神"人物背景色(红)的版为阴版,其刻法和印法为中国所独有。雕版上所有线条和色块的边缘都是向外倾斜的,这便于印制时调节水分。印制时采用独特的技法,以挺健黑线为主,线条粗细迥异、刚柔相济,用色追求简洁且对比鲜明,印制采用分版分色手工套印(俗称"饰版")。所用颜料一般分水质和粉质两种,纸张选用闽西玉扣纸,有大红、淡红、黑以及本色纸诸种,为其他地区罕见。

# 43.人间国宝——福州脱胎漆器

　　福州脱胎漆器精美绝伦,是一种具有独特民族风格和浓郁地方特色的艺术珍品,与北京的景泰蓝、江西的景德镇瓷器并称为中国传统工艺的"三宝",享誉国内外。它始创于清乾隆年间,作品曾被收藏为宫廷珍品。中华人民共和国成立后又被列为珍贵的国家礼品赠送外宾,受到国内外人士的青睐,产品不仅畅销国内各省市,而且远销世界70多个国家和地区,被世界各国人士称赞为"珍贵的黑宝石""东方难得的珍品""髹饰之光""人间国宝"等。2006年,福州脱胎漆器髹饰技艺被列入第一批国家级非物质文化遗产名录。

福州脱胎漆器髹饰技艺是清代侯官人沈绍安在继承几千年中国髹漆技艺的基础上创立的。沈氏脱胎漆艺在脱胎成型和表层髹漆方面具有鲜明的技艺特点。制作时采用布坯或木坯,经上灰、打磨、髹饰、黑推光、色推光等工序后,再用彩漆晕金、锦纹、朱漆描金、台花、嵌螺钿等技法加以装饰。1949 年后,又发展了宝石闪光、沉花、堆漆浮雕、雕漆、仿彩窑变、变涂、仿青铜等技法,并且把髹漆技艺同玉雕、石雕、牙雕、木雕、角雕艺术结合起来,使漆器的表面装饰琳琅满目,更加丰富多彩。

　　"色彩瑰丽,光亮如镜"是福州脱胎漆器最为显著的特征。其因技艺精良、品种繁多、造型巧妙、色彩绚丽,19 世纪以来,先后在巴黎、多伦多、柏林、伦敦、费城等世界博览会上获奖,并成为人民大会堂福建厅的主要装饰品。

# 44.艺苑奇葩——厦门漆线雕

　　漆线雕是中国漆艺文化宝库中的艺术瑰宝之一,是闽南地区的传统工艺。厦门漆线雕技艺起源于同安马巷镇"西竺轩"作坊,迄今已有 300多年历史。漆线雕是用陈年的砖粉、大漆和熟桐油等原料调和,反复舂打成柔软而又富有韧性的泥团(俗称"漆线土"),再由手工搓成线状的漆线,后在涂有底漆的坯体上用漆线盘、结、绕、堆,塑造出各种精美的浮凸的图形或纹样,其技艺为厦门所独有。2006 年,厦门漆线雕技艺被列入第一批国家级非物质文化遗产名录。

　　漆线雕最早被应用于佛像装饰,俗称"装佛"。传统漆线雕为纯手工制作,工艺流程主要包括雕塑、粉底、漆线装饰、妆金填彩等四个方面,且工序相当繁复,具体包括条、盘、缠、堆、雕、镂等。一件成品常常须耗费几个月甚至数年的制作时间。

漆线雕以线条盘结，以浮雕形式展现。工艺精细雅致，注重线条的审美特质；形象逼真生动，风格古朴典雅；形态丰富多变，细节严谨，毫厘不爽；画面栩栩如生，每件产品绝不雷同，堪称艺苑奇葩。

## 45.竹篮提水水不漏——永春漆篮

"巧手翩翩篾气舞，经线纬线入画图。竹篮提水水不漏，小可藏针大当橱。"漆篮是一种产于泉州市永春县仙夹镇龙水村的传统竹漆工艺品，

故又称"龙水漆篮"。永春漆篮历史悠久,始于明正德年间,至今已有500多年的历史。2009年,永春漆篮制作技艺被列入福建省第三批省级非物质文化遗产名录。

　　漆篮制作原材料是竹子,将竹子或切片或切成统一细条,片可做柄,细条用来编织篮子。制作大体可分为竹编、灰工、漆艺、绘画、堆雕等五大工序,每道工序又分许多道小工序,一个漆篮的制作完成需要50多道工序,周期达1个多月。工种多,流程长,品种多,有盛篮、格篮、扁篮、盒、盘等50多种。就大小而言,永春漆篮最大的直径42厘米,高72厘米,分4个格层,一对大漆篮可盛100多斤物品,用碗盘装食品,正好摆满一张八仙桌;最小的直径仅3厘米,精巧玲珑,可谓"竹篮盛水水不漏,小可藏针大当橱"。可以说,漆篮制作技艺把竹编技艺和漆画堆雕技艺合二为一,不仅一举颠覆了"竹篮打水一场空"的宿命,而且使简单的竹篮从此由单调变得异彩纷呈。

永春漆篮制作技艺独特精湛,造型独特美观,风格高雅古朴,且坚固耐用,具有较高的文化艺术价值;其制作过程中的原料配制、工艺流程的掌握、制作技艺的精密等都有很强的科学性,具有民间工艺科学研究价值。永春漆篮影响深远,在闽南一带十分流行,成为迎神祭祖、寿诞喜事、婚庆嫁娶、拜亲会友等必备的器具或作为馈赠礼品。现已逐步从闽南传到全国各地及东南亚,在东南亚华人华侨地区有重大影响,成了与海外同胞交往的佳品。

# 46.珍艺闻八闽,银辉耀九州——畲族制银工艺

畲族百姓自古以来就崇尚银饰、银器,无论是在出生、婚丧嫁娶等人生重大经历和民族传统节日之中,还是在日常的生产生活中,畲家人都与银饰、银器密不可分。银器也是畲族展示家庭、家族世代拥有财富的象征之一。可见,银饰文化是畲族文化的重要组成部分。闽东的畲族银饰传统技艺可追溯到唐末王审知入闽时,距今已有 1000 多年历史。2011 年,福建省福安市申报的银饰锻制技艺(畲族银器制作技艺)被列入第三批国家级非物质文化遗产名录。

畲族历代对传统银器制作都较为重视,也不断推进银器制作技艺的发展。畲族银器的制作工艺复杂,逐渐形成了"操、錾、起、解、披"等五大核心工艺和"圆雕、浮雕、镂空雕、平雕"4 种雕刻技艺,共有 30 多道手工工序。在精雕细琢间,一件件图案细致精巧的银器在勤劳的畲族人手中创作出来,光彩夺目。

畲民采用传统的草药配方泡洗煮银器,采用玛瑙刮光,使银器保持天然光泽,也可起到抗腐蚀、防氧化的作用,使银器保留长久。

　　不同的银器和纹饰寄托着畲族人民的别样情怀,代表着畲族人民对
美好生活的向往和追求。畲族银器以其独特的艺术造型、丰富的历史文
化内涵、浓郁的乡土风格和鲜明的地域民族特色,呈现出畲族人民的审美
观念和艺术情趣。

# 47.中国玉石雕刻百花园中的奇葩——寿山石雕

寿山石雕是以产于福州北部山区北峰的寿山石为材料,通过特殊技艺制作出来的、供人玩赏的小型雕刻作品。寿山石雕技艺是传统的民间雕刻艺术,主要流传在福州市晋安区鼓山、岳峰镇、象园街道、王庄街道和寿山乡。2006 年,其被列入第一批国家级非物质文化遗产名录。

寿山石的石质、石色、石形、石纹均极为丰富,外观晶莹,品种繁多,硬度在 2.5～2.7 摩尔之间,是上等雕刻彩石,具有细、结、润、腻、温、凝的特点,被民间誉为"石帝""石后",并有"贵石而贱玉"之说。寿山石雕以"相石"为重要环节,讲究利用石形、石色等,巧施技艺,以达到既雕既琢与返璞归真合一的艺术效果。

寿山石雕刻品造型独特,高雅凝重,距今已有 1500 年的历史。南宋时,寿山石矿已得到开采,经过元、明、清三代的发展,独立的寿山石雕产业最终形成。康熙皇帝等均用寿山石刻制宝玺。寿山石中以田黄石料身价最高,俗有"一两田黄三两金"之说。清同治、光绪年间,寿山石雕形成自己独特的风格,出现东门、西门两大流派,即以林谦培、林元珠为代表的东门派,擅长人物、山水、动物的圆雕;以潘玉茂、潘玉泉为代表的西门派,则从传统的印钮制作技法中创造出具有中国画特色的薄意雕刻技法,后此技法在林清卿的手里达到成熟,寿山石雕进入了诗意融融的境界,文化品位得到极大的提升。

寿山石雕技法丰富多样,精湛圆熟,又在发展过程中广纳博采,融合了中国画和各种民间工艺的雕刻技艺与艺术精华,具有"上伴帝王将相,中及文人雅士,下亲庶民百姓"的艺术魅力,深受国内外鉴赏家与收藏家的好评。其技法主要包括圆雕、印钮雕、薄意雕、镂空雕、浅浮雕、高浮雕、镶嵌雕、链雕、篆刻和微雕等。

# 48.东方艺术的珍品——德化白瓷

德化白瓷,指的是泉州市德化县生产的白瓷。明代德化白瓷以质取胜,以白夺目,独具特色,是中国白瓷的杰出代表。德化建白瓷、高白瓷、瓷雕被称为国际瓷坛的"三朵金花",德化白瓷被法国人冠以"中国白"(Blanc de Chine)之誉。2006 年,德化白瓷被列为国家地理标志保护产品。

德化是中国三大古瓷都之一,德化窑是中国古代南方著名瓷窑。德

福娃献瑞

化中心窑址位于福建中部戴云山腹地,此处瓷土资源丰富,水源充足,交通运输方便,是烧制瓷器的理想之地。德化窑历史悠久,始于宋代,经过元代的兴盛发展,在明代达到了巅峰。因其产品制作精细,质地坚密,晶莹如玉,釉面滋润似脂,故有"象牙白""猪油白""鹅绒白"等美称,在我国白瓷系统中具有独特的风格,在陶瓷发展史上占有重要地位。

德化白瓷耐温、耐压、耐磨、耐腐蚀,还有釉色纯净温润、致密度高、透光度好等理化特色。其中理化特色,是以 1300 ℃～1400 ℃烧制而成的白度最好,光泽度高,热稳定性强,机械强度大。目前,德化白瓷行销足迹遍及海上丝绸之路沿线各国,并以其高超的工艺水平惊艳世界,成为"东方艺术的珍品"。

## 49.古厝檐角的一出戏——漳州剪瓷雕

剪瓷雕,亦称嵌瓷、剪黏,是流行于我国福建南部、广东东南部潮汕地区、台湾西部,以及越南等的传统建筑装饰工艺,属瓷片拼贴的一种,多用于寺庙建筑。诏安剪瓷雕工艺历史悠久,内涵丰富,影响广泛,2011 年被列入福建省第四批省级非物质文化遗产名录。

　　相传,早在宋代晚期,漳州市就已经有了剪瓷雕工艺,西山岩的"初来寺"用的就是这种工艺;到了明代,这种工艺开始盛行于寺庙、祖祠等建筑装饰之中。诏安剪瓷雕工艺主要表现在剪、黏、嵌、雕等环节,并结合绘画和灰塑造型工艺,分平雕、浮雕(分半浮雕和叠雕)和圆雕(或称立体雕)三种形式,具有色彩鲜艳、造型生动、立体感强、久不褪色的特点。其题材以吉祥如意、福禄寿喜和花鸟虫鱼、人物故事为主要内容,最常见的有"牡丹凤凰""双龙夺珠""牛郎织女"等,栩栩如生,生动形象。随着与海外文化交流的发展,诏安剪瓷雕工艺已逐渐向世界各地传播。

# 50.七色纸料纸做屋,八竹功夫功种植
## ——传统纸扎技艺

　　纸扎,民间又称扎作、糊纸、扎纸、扎纸库、扎罩子、彩糊、彩扎等,是一种将扎制、贴糊、刻纸、剪纸、泥塑、彩绘等技艺融于一体的,历史久远的民间传统手工技艺,是中华传统纸艺、竹艺精华的集中体现。它发祥于唐宋时期的泉州,并逐渐推广至闽南地区、莆仙地区、台湾地区等地。2019年,传统纸扎技艺被列入厦门市第五批市级非物质文化遗产名录;2022年,被列入福建省第七批省级非物质文化遗产名录。

　　传统纸扎技艺起源于古代民间宗教祭祀活动,后逐渐用于节庆、婚丧等民俗活动。"七色纸料纸做屋,八竹功夫功种植"14个字精准地概括出了传统纸扎技艺的材料和用途。传统纸扎技艺包括折纸、剪纸、刻纸、画纸、破竹、削竹片、扎竹、扎框架,粘贴、装饰等步骤。其中糊纸是关键的步骤之一,即把纸糊在竹架上,用纸有蜡光纸、宣纸、报纸、花边纸等100多种。一个面具要连续粘贴十几层纸,一些比较复杂的雕像要用近百种纸。除了纸张,粘贴的糯糊也有严格要求,一般都是传统自制的。

　　纸扎可分为"站活"和"坐活"两种,"站活"一般指大型作品的制作,
"坐活"则指精巧作品的制作。目前闽南纸扎主要活跃于厦门和泉州两
地。厦门纸扎属于北派,擅长于表现戏剧武打人物,代表有已故老艺人柯
石头,其作品有《武松打店》《狮子楼》《快活林》《景阳冈》等;泉州纸扎属于
南派,以扎制戏剧妇女形象见长,老艺人陈天恩的代表作有《观音》《牛郎

织女》《水漫金山》《陈三五娘》《霸王别姬》《西厢记》《红楼梦》等。两派作品取材巧妙,工艺精湛,且各有所长。

## 51.指尖乾坤绘智慧——福建剪纸

剪纸是一种用剪刀或刻刀在纸上剪刻花纹,用于装点生活或配合其他民俗活动的民间艺术形式。它历史悠久,已有两千多年的历史;群众基

础广泛,深受百姓的喜爱;符号语言丰富,生动形象地展示出中华民族的精神追求和情感表达,具有独特的美学形式和艺术价值。

福建剪纸种类繁多、题材广泛,世间万物无所不及,包括花卉盆景、飞禽走兽、亭台楼阁、山川人物等,翻转之间,一个个丰富多彩的剪纸艺术世界便跃然纸上。福建剪纸分布面广,较突出的有闽南漳浦剪纸、闽东柘荣剪纸、闽北浦城剪纸、闽西长汀剪纸等,各地风俗不一,成就了各自不同的艺术特色。2008 年,漳浦剪纸、柘荣剪纸已被列入第二批国家级非物质文化遗产名录。

漳浦东临台湾海峡,南望东山、汕头,北接漳州、厦门,有"剪纸之乡"之称。唐宋以来,剪纸一直盛行于漳浦民间,代代相传,造型样式层出不穷。漳浦剪纸以阳剪为主、阴剪为辅,其与众不同之处在于构图的连接性、技法的细腻性、风格的多样性和处变的适应性等。1993 年,漳浦县被文化部授予"中国民间艺术(剪纸)之乡"的称号;2010 年,漳浦剪纸作为"中国剪纸"的子项,被联合国教科文组织认定为世界非物质文化遗产。

流传于柘荣县的剪纸艺术距今也有一千多年的历史,它既保留了原始艺术淳朴、粗拙、刚健、浑厚的特征,又呈现了细腻、古雅、秀丽、柔美的地域艺术风格,是研究中国南方剪纸历史和艺术的重要参考资料。柘荣剪纸以剪为主,用具十分简单,一把剪刀、一张红纸、一个织篓即可创制作品。其技法独特,不打稿,无粉本,先剪外形,然后镂空,作品形象生动,线条中实,有书法线条中锋之美;形式丰富,常见于箱、笼、枕、被和坛口上,是当地男婚女嫁、生日寿诞、婴儿满月等民俗活动中的必备品,也是家居装饰、旅游纪念和收藏馈赠的佳品,深受海内外民众的喜爱。

# 52.千年古法的浮雕式刺绣——闽绣

闽绣,是一种以福州为中心,流行于福建地区的民间传统工艺。与中国四大名绣相比,闽绣工艺独特,用色大胆,主题鲜明,图案丰富,层次感强,多被用在戏服上或祭祀等场合。

闽绣起源于五代十国,距今已有一千多年的历史。元代,福州设有"文绣局",闽绣曾被列为重要的贡品;清代,闽绣与苏绣、湘绣等并列,是国内有代表性的著名刺绣;民国初年,闽绣更是走上了世界博览会的舞台。一件绣品要经过手绘底稿,再用手工缝制而成,往往耗时几个星期甚至几个月。

闽绣工艺独特。它是以丝绸棉麻为底,在其上穿针引线、布彩铺花,作品依功用可分为穿戴的、遮挂的、摆放的三类。闽绣的精髓在于立体图案和浮雕层次感,常用的绣法达数十种,如立体盘金、钉线绣、古体龙鳞、万字花边等。其中尤以立体盘金独具特色。其绣法为边捏边绣,一边压实棉花拿捏成型,一边用针线将成型的棉花缝于织布上,饱满立体,由内而外透出一种大气。闽绣色彩以大红大绿为主,图案亦五花八门,多以龙虎凤之类的吉祥物为主,渲染出热闹喜庆的氛围,与苏绣等的清淡素雅迥然不同,充满着浓厚的闽地特色。

# 53.畲族吉祥物——畲族彩带

畲族彩带,俗称织花带,又称花带、字带、腰带,是畲族民间工艺品中最具民族特色、最主要的一种。畲族彩带起初源自畲民日常所用的束衣带、扎腰带、背包带、裤带、拦腰带、刀鞘等生活用品,后被用作畲族传统服装的装饰以及畲家姑娘的定情信物。由于畲族只有语言没有文字,因此彩带的花纹通常由代表不同含义的"意符文字"构成,并一直延续至今,被称作"活着"的畲族文物。2021年,彩带编织技艺(畲族彩带编织技艺)入选第五批国家级非物质文化遗产名录。

福建畲族彩带多为蓝、白、黑色,浙江畲族彩带则配色鲜艳,红、绿、黄、黑、白、紫等各种颜色交织,不仅图案复杂,而且有祈盼吉祥的文字,如风调雨顺、国泰民安、百年好合、五世其昌、金玉满堂、花开富贵,还有保家卫国、民族大团结等。畲族彩带编织技艺技法独特,采用经纬线编织法,利用不同颜色的经线,交叉挑织成各种复杂精美的花纹、图案。其图样纹饰主要有"十三行""水击花""五字带""铜钱帮""万字花""十二生肖""蝴蝶花""蜻蜓纹""蝙蝠纹"等。

编织彩带的工具只需简单的织带架,甚至只要3条长约20厘米、直径5厘米左右的圆竹竿,畲民称之为"织带竹",牵好经线提好综,一头挂在门环、柱子、篱笆和树枝上,另一头拴在自己的腰身上,即可用各种颜色的丝线进行手工编织。上山放牛或在田间地头休息时也能织带。

　　彩带长短不一,有一百来尺长的,也有尺把短的;宽窄也不同,有二寸多宽的,也有不到半厘米宽的。其色彩一般有蓝底红花、绿底白花、白底黑字等;规格有"七根花",即不论带子多宽多窄,编织的花纹图案只靠在正中七根经线,其余的都编成平面花边,颜色按编织者兴趣自取。

　　一条条精美的畲族彩带织绘着畲族的千年历史,时至今日,我们仍能从彩带的工艺、图案、花纹、色彩中发现其中丰富多彩的畲族历史信息与文化密码。

## 54.指尖上的非遗——畲族竹编(斗笠)制作技艺

竹编工艺是一种畲族传统手工技艺。畲族地区盛产石竹、斑竹、金竹、雷公竹等竹子,因此竹编工艺普遍存在。在畲族竹编手工艺中,畲族斗笠的编制极具民族特色。畲族斗笠,又称"花笠",其历史悠久,精致细腻,美观大方。2013年,畲族竹编(斗笠)制作技艺被列入宁德市第四批市级非物质文化遗产名录;2017年,被列入福建省第五批省级非物质文化遗产名录。

畲族斗笠均为尖顶,可防晒遮雨,亦可用于扇风,是畲民田间劳作常备用具之一。其中花斗笠是畲族姑娘出嫁的必备嫁妆之一。一顶花斗笠的直径约40厘米,由上下两层竹篾编合而成,中间夹铺特有的箬叶。竹篾则细腻若发丝,厚薄均匀,色彩多样,仅上层的斗笠,就有竹篾220~240根之多,其技艺之复杂,绝非一日之功。斗笠夹层的箬叶有"虎牙""斗云""舌子"三种形状,是畲族特有的文化图腾,寓意着勤劳与美好,寄托着对即将出嫁的少女最殷切的祝福。

斗笠的编织十分讲究,从材料破竹到染色喷漆须经过裁竹、削篾、打顶、做坯、夹料等近40道工序,每一道工序都有着严格的操作要求。

此外,斗笠还会搭配上各式色彩艳丽的珠串,以及红、黄等色的绸带来加以装饰,畲族韵味十分浓郁。

# 55.夜倾闽酒赤如丹——红曲酒酿造技艺

红曲酒酿造技艺是一种传统手工技艺。红曲酒的红色是红曲自然发酵的结果,红曲中还有可降血脂、降血压、降胆固醇等的成分,因此红曲酒具有一定的养生保健效果。福建古田红曲酒酿造技艺独特,是唐代酿造技艺的"活化石"。2013年,古田红曲黄酒酒库酿造技艺被列入宁德市第四批市级非物质文化遗产名录。

红曲酒起源于浙江,后流传至福建等地,其历史可追溯到战国,最早

的有关记载见于北魏杨衒之著《洛阳伽蓝记》中。宋代胡仔的《苕溪渔隐
从话》记载有"江南人家造红酒，色味两绝"。宋代苏东坡的诗集中亦有
"夜倾闽酒赤如丹"等诗句。

　　红曲酒属于米酒中的黄酒，其酿造方法比较多，较为常见的有三种：
一是红曲拌饭直接发酵法；二是红曲加白曲拌饭直接发酵法；三是白曲拌
饭搭窝，糖化后再加水和红曲发酵。不管是哪一种，其制作过程都不复
杂，但很有讲究。主要分为十二个步骤：冲洗沥干、蒸饭、摊凉、落坯、发
酵、开耙、开揼、后期管理、压榨、装坛、温酒、入库。

　　红曲酒中的蛋白质含量为酒中之最，多以肽和氨基酸形式存在，可促
进肠道内有益微生物双歧杆菌的生长发育，改善肠道功能，增强免疫力。
红曲酒在民间已成为祭祀、婚嫁、添丁、接待贵客的必备礼品，深受百姓的
喜爱。

# 56.舌尖上的非遗——畲族乌饭制作技艺

畲族乌饭,古称"青精饭",是畲族的传统美食之一,起源于唐代,距今已有 1300 多年历史。乌饭是为纪念畲族英雄蓝奉高与雷万兴而做的,每逢"三月三",畲族百姓便会蒸制乌饭,缅怀祖先,款待来客。2011 年,闽东畲族乌饭制作技艺被列入福建省第四批省级非物质文化遗产名录,畲族乌饭也是福建唯一入选中国烹饪协会民族餐饮委员会推荐的民族特色餐饮美食。

畲族乌饭十分讲究制作工艺,一般有 4 个步骤:首先,采摘新鲜的青精叶(即乌稔叶)洗净切碎,放如石臼里捶捣,直至流出紫黑色的汤汁。其次,将切碎的青精叶连同汤汁装在桶里浸泡五六个小时,让叶片的养分与汤汁充分地融合,再用草袋过滤汤汁,除去叶渣,装在锅里加热至 80 ℃,放入精选的糯米浸泡 24 个小时。青精叶中所含的游离酸和鞣酸,和米饭中的淀粉发生作用,具有独特神奇的染黑效果。再次,捞起紫黑色的糯米,放入木甑里蒸熟。30 斤糯米一般要用 12 斤青精叶。青精叶放太多,糯米的味道会变涩;放太少,乌饭就不会发黑发亮,所以这一道工序特别重要。最后,蒸煮一个多小时后,清香扑鼻、糯柔可口、油黑透亮的乌饭就可以上桌了。

畲族乌饭具有强生健骨、醒目利肝、天然抗衰老等功效。畲家人喜用草袋当作容器,不仅是因为草袋能为乌饭增加独有香气,还因用药草制成的草袋有开胃的功效,有益身体。

## 57.指间上的百变非遗——泉州妆糕人制作技艺

泉州的妆糕人源于古代中原的"捏面人",是一种以粮食为主要创作原料的民间传统手工艺制品,是当地节庆期间不可或缺的特色物品。我国妆糕人制作技艺已有 1300 多年的历史,从中原流传到泉州已有 200 多年。在泉州、台湾等地,妆糕人又称"米粿雕""糯米尪仔"等。2007 年,泉

州妆糕人制作技艺被列入福建省第二批省级非物质文化遗产名录。

　　泉州妆糕人制作人手指要灵活轻快,传统妆糕人一般在两三分钟内就会"成人",以防止面团干燥。多以大米粉、糯米粉为制作原料,结合调色素、蜡油等配料,配制出色彩缤纷、便于形塑的糯米团,再以搓、捏、团、挑、揉、压、按、擦、掐等手法,借助小刀、剪刀、梳子等工具,塑造出尺寸不等(一般为10厘米左右)的妆糕人,最后在底部穿上竹签加以固定,一个个姿态各异、栩栩如生的妆糕人便制作成功。

　　泉州妆糕人多取材于神话传说、历史名人、戏曲人物及富有地方特色的人物造型,如象征幸福、吉利、长寿的福禄寿神仙,情态滑稽幽默的火鼎公、火鼎婆,以及身着鲜艳亮丽服饰的惠安女等,体现了闽南地域文化和民俗特点。

　　小小的糯米团塑形写神，散发出传统文化与美学魅力，如今的妆糕人已不再局限于街头小戏、孩子玩具等，在各艺术馆、博物馆和各类手工技艺展示活动中，乃至世界各地华人华侨家中的陈列柜里等，都可见妆糕人的身影。

# 58.印刷与出版史上的活化石
## ——连城雕版印刷技艺

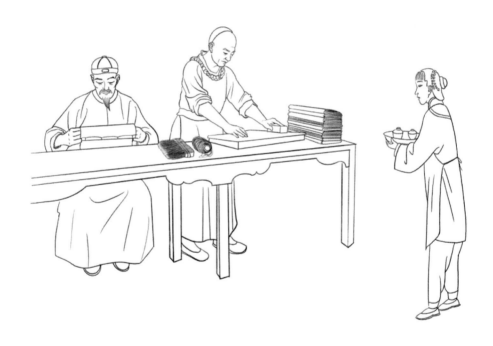

　　雕版印刷术是一种在版料上雕刻图文进行印刷的技术。它发明于唐朝，迄今已有1300多年的历史。福建省连城县四堡镇，是明清时期四大雕版印刷基地之一（其他三个为北京、汉口、浒湾），也是其中唯一的"幸存者"。2001年，四堡古书坊建筑群被列为第五批全国重点文物保护单位；

2008年,四堡雕版印书技艺被列入第二批国家级非物质文化遗产名录;2015年,四堡又被列为首批中国印刷博物馆福建印刷文化保护基地。

明清时期,四堡刊印的书籍一度垄断江南,行销全国,远播海外。四堡雕版印刷技艺为纯手工操作,制作精巧,纸张质地好,装帧考究,精致大方;字多为宋体,笔画整齐,字形清秀;校核严谨,讹错甚少。

雕版制作大致可分为坯版制作、坯版书写、雕版制作、刷印、装订五个阶段。坯版制作包括选材、锯版、浸沤、干燥、平版等工艺;坯版书写包括写样、上版等工艺;雕版制作包括刻版、打空、拉线、修版等工艺;刷印包括固版、刷墨、覆纸、刷印、晾干等工艺;装订包括折页、配帖、弯刀裁纸、锥子打眼、穿线等工艺。雕版印刷所使用的工具主要有刻刀、曲凿、平凿、斜凿、铁锤、刨子、锯子、棕刷、小墨缸等。现存的古书坊、雕版、古书籍、印刷工具及雕版印刷工艺等,具有极其特殊的历史文化价值,堪称印刷与出版史上的活化石。

# 59.久不褪色的技艺——漳州八宝印泥制作

印泥是我国特有的文房之宝,为图章盖印所使用的一种涂料,因其中的主要原料朱砂为鲜红色,故又称"丹泥""印朱"等。印泥源于春秋战国时期的封泥,当时无纸,人们以简牍(用来书写的竹板)为书写材料。传递公文时,书函外覆以空白简牍,用绳系扎后外敷以泥,再于泥上加盖印章,以为封缄的标志,此泥即是封泥,又称"印泥"。纸张发明后,简牍、封泥俱废,但人们仍仿封泥之法,在公告、信札等之上加盖图章,而以印泥作为涂料。在我国印泥制作中,福建漳州的魏氏丽华斋八宝印泥与北京的荣宝斋印泥、杭州的西泠印社印泥齐名,闻名海外。2008年,漳州八宝印泥制作技艺被列入第二批国家级非物质文化遗产名录。

制作印泥,先将艾叶捣如棉绒状,再和陈蓖麻油加朱砂等反复搅拌,

这样制成的印泥色泽鲜丽夺目,久不褪色,品质细腻。漳州出产的八宝印泥创始于清康熙十二年(1673年),乾隆年间曾是贡品,声名远扬。孙中山先生亦对漳州八宝印泥赞赏有加。

漳州八宝印泥成品明爽润洁,易干,不落不泞(淤积),不粘不冻,具有鲜艳饱和、气味芬芳、浸水不化、色泽长新、燥天不干、雨天不霉、夏不渗油、冬不凝冻等八大优点,赞曰:"印纸则桃花欲笑,钤朱则墨韵增辉。"

# 七、民间医药

## 60.中医精粹——三伏灸

三伏灸是根据"天人相应""冬病夏治""春夏养阳"等理论,以经络腧穴理论及中医时间医学为基础,选用芳香、辛温之品研末调制,在全年阳气最盛的时段(即三伏天)敷贴穴位以调理哮喘、慢支、虚人感冒、慢性鼻炎、虚寒腹痛、慢性肠炎、颈肩腰腿痛、慢性盆腔炎、痛经等疾病的一种特色中医保健疗法。三伏灸可以温补人体元阳之气,提高人体免疫力,从而达到治未病的功效,是目前临床应用最为广泛的一种天灸疗法。

三伏灸的操作流程为:选取玄胡、白芥子等多味中药,按比例研末,用姜汁调成膏状,用胶布将块状药膏贴于穴位上。每伏各贴药一次,贴于相应穴位,不同的病症所取的穴位各有不同。成人一般贴二至四个小时,儿童贴一两个小时。敷贴之后,一般人的局部皮肤都会出现灼热、灼红等现象;有些人的穴位皮肤还会起疱,效果会更好。贴敷疗法三年为一疗程,病程长的患者可适当延长疗程。

施治三天期间,饮食以清淡为宜,忌牛肉、鸭、鹅及其他煎炸食物,禁食生冷刺激及海鲜、虾、螃蟹等食物,不吃肥甘厚腻、生痰助湿食物,避免烟酒,以免影响疗效。

# 61.中医妙手——接骨

　　中医接骨手法即指医者用手之动作,使骨折、脱臼及软组织损伤复原之方法,是骨伤科治法之一,古称"折疡""金镞",又称"正骨""正体"等。接骨是调理骨折伤痛的重要步骤,通过接骨可以"使断者复续,陷者复起,

碎者复完，突者复平"。传统的接骨手法有很多种，如触摸、拔伸、按压、提托、推挤、摇转、担分、反折等，同时还可以通过按摩、推拿、拍打等手法，促进血液循环，缓解疼痛，加速骨折愈合。

应用内服或外敷药物促进骨折愈合也是中医骨伤科的一大治疗特色，最早的接骨方剂首见于东汉年间成书的《中藏经》和《华佗神方》，后经历代的不断改良与创新，接骨方剂达百副之多。

中医接骨历史悠久,在《周礼》《礼记》《韩非子》中均有相关记载。汉代已经积累了较为丰富的接骨经验,《汉书·艺文志》载有《按摩十卷》,说明在秦汉以前用手法治疗骨损伤已很广泛。到了隋唐时期,接骨方法已有了内外兼治特色。唐代孙思邈在《千金方》一书中记载了下颌关节复位方法;蔺道人在《理伤续断方》一书中对理伤手法有所发展,记载了"相度""揣摩""拔伸""捺正""撙平""踝入""屈伸"等接骨手法,为后世骨伤科手法治疗的发展奠定了基础。此后历代医家持续发展,积累了丰富的经验,尽管流派不同,手法不一,但其原理和目的基本一致。随着中医骨伤科手法的完善,以及边缘学科的渗入和精密医疗仪器的广泛使用,中医接骨治疗手法得到空前的发展。

# 62.蜚声海内外——福州壶山林氏中医内科

壶山林氏中医内科,简称"壶山林氏",其祖地位于福州市仓山区盖山镇后坂林珠村。其始于清乾隆年间,传承至今近300年,已历9代,代表人分别是林世存、林德盘、林作建、林森元、林辟甫、林英蕃、林兴江、林越汉、林润立。2009年,其被列入福建省第三批省级非物质文化遗产名录。

壶山林氏擅长内科,在治疗湿温、脾胃、妇科病等领域均有较深的造诣,精湛的医术蜚声海内外。壶山林氏还存有大量的中医秘方和验案,编纂成集的医书有《和斋医案》《伤寒论眉批补注》《六经辩证歌括》《壶山医统》《壶山意准》《壶山村普寿堂家传秘方》《壶山林氏家传秘方》等,其中《和斋医案》《壶山医统》就是根据家传验方,结合临床实践总结出来的113篇内科诸症的临床验案;而《壶山林氏家传秘方》则收集了清热化痰汤、健胃散、通便丸、清热散、人参川贝散、清肠散等家传方剂,等等。这些内科典籍对诸多病症分析到位,阐述精当,治疗方法颇具特色。

# 63.百年百草堂——福州横街青草摊

横街青草摊,位于福州台江区八一七中路,从清光绪年间开摊至今,已有百年的历史,历经五代掌门人。2019 年,其被授予"福建省老字号"称号。

青草,俗称草药、青草药,有别于中草药,主要是以新鲜植物为药,具有源广、简便、价廉、无药物残留、无激素、无耐药性、疗效稳定、毒副作用小等独特优点。除了防暑解暑外,青草药还有驱寒活血、化解风湿、舒经活络的作用。青草药注重"青"字,以野生居多。许多草药都生长于山间田野、房前屋后,老百姓偶有小恙,现采现用,皆为新鲜之品,而且质量好、疗效佳。

　　青草药传承千年,是中医药的一个支脉。2022年初,闽台青草药被列入福建省第七批省级非物质文化遗产名录。

# 64.山中青草医——畲族医药

　　畲族医药是中国传统医药的重要组成部分,具有较高的医学价值和独特的疗效。2011年,畲族医药被列入福建省第四批省级非物质文化遗产名录。

　　畲族医药产生于特定的历史条件和独特的自然环境中,在民族的迁移和融合中逐渐吸纳汉、苗、藏、壮族等的医药文化,经过不断的传承完善,自成一脉。福建是我国畲族主要聚居地,也是畲族医药的主要发祥地,但由于畲族没有民族文字,畲族医药主要靠口传心授。

　　畲族人崇尚"六神"。畲医所谓"六神"即指心、肝、肺、脾、肾、胆"六脏"的神,主宰着人的生命,如果"六神"受损就会得六神病。畲医治病往往是根据十二时辰与二十四节气的变化来结合治疗。六神病须及时采用六神草治疗,并根据不同时辰、不同部位、不同症状,辨证施治方为有效。

　　福安畲医的分科较细,有按各自擅长而分为内、外、妇、儿、喉、眼、骨、伤科、针灸、气功、按摩等;也有按病种分科,如瘰病、疔疮、痔疮等。其施治方法与中医类似,以望、闻、问、切为主,并将疾病区分为寒、风、气、血和杂症五大类型,每类又分若干种,如寒证分为七十二种寒,风证也分为七十二种风,气症也分若干种,血症主要指妇科疾病,杂症则主要指除上述四大症外的疾病,如眼疾、耳疾、骨折、疔疮等疾患。治病手段主要有内服、外敷、挑病珠、放血、捏痧、刮痧等,若需要也可几种兼用。福安畲医医术祖辈相传,子承父术,在实际诊治工作中学习实践经验,一般没有形成医籍,也少有文字记述。

　　畲民患病常自采草药,自医自治。用药方面,一般以青草药为主,多野外采集,用原生药,也有少数种植的。多按不同季节采集,晾晒成干品药材,亦有经过粗加工,少数还经烧灰存性,有的药材也可炮炙,如蜜炙或醋炙;对某些体虚患者用的补益方剂,常以禽肉或内脏、红酒、乌枣、糯米、红糖等佐之。畲医在治病时重视忌口,用药时忌食酸、辣等刺激性食物,有时也忌鱼、虾等腥荤类食物。

# 八、民间歌舞

## 65.强身健体的民间舞蹈——福清新厝车鼓舞

车鼓舞是一种打击器乐合奏的传统民间舞蹈。据传车鼓舞源于汉代的"筇鼓"（谐音"车鼓"）。因游行表演时，往往将鼓置于车上，用于指挥舞蹈队伍，而称"车鼓舞"；又因车鼓随队行走演奏，故称"车鼓阵""拖车鼓""推车鼓"。2007年，福清新厝车鼓舞被列入福建省第二批省级非物质文化遗产名录。

福清新厝车鼓舞源于明朝，盛行于清末民初，已有400余年历史。据相关史料记载，车鼓舞产生的最初原因与明嘉靖年间的倭寇之患有关。

车鼓舞表演时，一般由9～11名舞者涂脂抹红，描眉插花，随着鼓点击打的指挥而跳起舞蹈，一般以秧歌舞为主。表演的器乐有镲、锣、大鼓等。镲是直径0.6米左右的大钹，锣则分为大锣和凸锣两种，鼓是直径约1米的牛皮大鼓。车鼓队通常由一面大鼓、数十对大钹、两面大锣和两面凸锣组成。整支乐队俨然就是一幅古时将士出征图。表演时，车鼓队随着鼓点的变化而不断变换队列，并且组成各种图案向观众展示。车鼓舞表演不仅丰富农村文化生活，也可以强身健体，因此参与者日众。

# 66.闽东特色节日——"三月三"歌会

　　"三月三"是畲族传统节日。宁德市是全国最大的畲族聚居地,每年

的这一天,宁德畲乡各村男女老少都会穿上节日盛装,祭祖拜谷神,举行盛大歌会。畲民们以民俗表演、山歌对唱的形式,以歌传情,以歌会友;同时,还吃乌饭缅怀祖先,款待来客,因此"三月三"又称"乌饭节"或"对歌节"。2005年,宁德畲族三月三节俗被列入福建省第一批省级非物质文化遗产名录。

宁德畲族三月三节俗历史悠久,主要内容包括盘歌会、畲族乌饭节、畲族巫舞、金斗洋畲族拳武术竞技、畲族宝塔茶等项目,是一种集民间信仰、岁时节令、民间音乐、民间舞蹈等文化表现形式于一体的综合民俗娱乐活动。

畲族"三月三"的民歌内容丰富,数量较多,涉及面极广。无论是政治、经济题材,还是历史、自然常识等,都能以叙事、咏物、抒情、讽刺等活泼多样手法加以表达;形式主要有长篇民族起源叙事歌、小说故事歌、喜庆歌、杂歌等,或独唱,或联唱,颇受畲民的喜爱。

巫舞是畲族从古保留至今的民族舞蹈。每逢农历三月初三日,宁德畲乡便会邀请畲族巫师为全村畲民祈神赐福。巫师吹着"龙角"上场,旋律刚劲有力,舞步似蹈海踏浪而来,手诀神秘变幻,还有那悠扬拖腔的低吟浅唱,极富"畲味"。

# 67.充满乡土气息的舞蹈——泉州踢球舞

泉州踢球舞,又叫彩球舞、碰球舞,是一种以脚踢球,以手抛球,以身体其他部位,包括肩、臂、肘、膝、头、脖等碰球、接球的民间体育运动。它源于我国古代的蹴鞠。2005年,其被列入福建省第一批省级非物质文化遗产名录。

泉州踢球舞的表演人数为六至十人不等,一般按娘、婢、女丑等角色扮演,除举球者外,其余皆为女性。举球者双手举起一个固定在三尺长竹

　　竿上的球,伴着踢球女的动作前后腾跳、旋转舞弄,而踢球女与举球者默契配合,便构成泉州踢球舞古老、优雅、欢乐、喜庆的舞蹈特色。

　　泉州踢球舞的表演形式丰富多彩,有"舞台彩球""彩街踢球""场地踢球""高跷彩球""儿童彩球""踩街彩球""彩球弄"等。其中"踩街彩球"主要是在大规模的踩街活动中,走街串巷,边舞边行边演。"彩球弄"一般为团队表演,前为舞彩球的男子一人,彩旦一人,彩婢(青年姑娘)四或六人的舞队;后为手执洞箫、南琶、月琴、二胡以及打击乐"小叫""铜钟""响盏"的演奏团队,边行边伴奏。舞蹈开始,举球者手持一柄彩球,左抖右滚,引逗村姑、彩婆,共同戏球。整个场面欢快轻松,和谐美好。

泉州踢球舞表演生动,有捧球、争球、托球、踢球、顶球等技巧,主要运用戏曲舞蹈中的"整冠""叠步""磨脚""小跳步""云手""托掌""托肩"等动作,也吸收龙舞、狮舞以及杂耍、武术动作,如"脚尖点球""背滚球""肩头顶球""探海""飞叉捧球"等,具有浓郁的乡土气息和地方特色,极具观赏性。

# 68.伞圆地方,鼓舞尽神——漳州大鼓凉伞舞

漳州大鼓凉伞舞,亦称"花鼓阵",是漳州民间喜庆、迎神赛会中不可或缺的一种集体歌舞。相传明嘉靖至万历年间,为抗击倭寇,戚继光用打鼓的方式招兵买马,并在战场上擂鼓助战、提振士气;击败倭寇后,戚家军也是以擂鼓跳舞的方式庆贺胜利。后来,每逢节日,漳州一带百姓就以打鼓舞伞的方式纪念抗倭名将戚继光及其部将,渐渐演变为"大鼓凉伞"这一传统舞蹈,素有"伞圆地方,鼓舞尽神"之称誉。2009年,漳州大鼓凉伞舞被列入福建省第三批省级非物质文化遗产名录。

大鼓凉伞舞集体表演时有二鼓、四鼓、八鼓、十六鼓等,鼓越多越壮观,但以四鼓为常见。主要舞蹈形式为两人对手,一人持凉伞,一人抱大鼓,双人交错对舞,伞绕鼓转;另有手执铜锣者,随鼓点敲打铜锣。舞蹈动作有斗鼓、翻鼓、擂鼓、绕鼓、踏鼓等;队形有观山式、莲花转、龙吐须等;节奏以鼓点节拍为主,高潮时鼓点加快并带有较高的技巧性动作,舞伞者可跳到击鼓人胸前的鼓上,舞动凉伞。

整个表演过程中,伞罩旋转飘动,配合跳跃步伐,气势雄壮,动人心魄,情绪欢快热烈,节奏粗犷豪迈,充满着战斗豪情和必胜信念。

## 69.泉州传统民间踩街舞蹈——采莲

　　采莲，又称嗦啰嗹、梭罗莲等，是流行于泉州地区端午节驱邪消灾的一种传统民间踩街舞蹈，为全国独一无二的。据清乾隆版《泉州府志·风俗》记载："五月初一日，采莲城中，神庙及乡村之人，以木刻龙头，击鼓锣，迎于人家，唱歌谣，劳以钱或洒米。"明末清初修纂的《安海志》也有相关记述，可见"嗦啰嗹"于清初就已盛行。至清朝中晚期，活动时间则变为五月

初五日，与中华民族龙图腾的崇拜相结合。2008年，安海"嗦啰嗹"民俗活动被列入第一批国家级非物质文化遗产扩展项目名录。

"嗦啰嗹"举行时（现在一般为端午节前三天），当地民众会将供奉的龙王头抬出来焚香叩拜，到端午午后，再抬着龙王头游街"采莲"。"采莲"队伍是：走在队伍最前头的是"铺兵公"，他头戴清朝斗笠，肩扛木棍，棍的前端挂着锣，后端挂着一个装有烧酒的新尿壶，每走一步，敲一下响锣，样子十分滑稽。接着是手擎彩旗的"采莲队"，彩旗顶端均插有榕枝、艾叶。后面紧跟着几个男扮女装，手提盛有红、白鲜花漆篮的送花婆。活动中，"铺兵公"来回开路，四人抬着一具木雕老龙头，"采莲队"在敲锣打鼓、唢呐劲吹和"龙王出世除灾难啊，嗦哪哪，唯哩缪唯啦"的乐曲声中，载歌载舞,游街串巷。

"采莲队"所到之处,逢有店铺、民宅放鞭炮,旗手便会入店入宅,挥动彩旗在梁间拂扫,高喊"龙神采莲来,兴旺大发财""大吉利市,添丁进财"等祝祷辞,舞旗"掸尘"。其时主人要礼施红包,送花婆则以数朵玉兰和红花回送主家,以示吉祥如意。

"采莲"活动具有较强的仪式感,寓有驱邪避灾、财福广进之意,故颇受当地民众的欢迎。

# 70.缅怀先祖的山间舞蹈——畲族龙头舞

龙头舞与铃刀舞、猎捕舞均为畲族传统民间舞蹈,距今已有 400 多年的历史。2013 年,畲族传统民间舞蹈(龙头舞、铃刀舞、猎捕舞)被列入宁德市第四批市级非物质文化遗产名录;2017 年,被列入福建省第五批省级非物质文化遗产名录。

畲族龙头舞流传于宁德市蕉城区的猴盾、大坪、新楼等畲村,属于祭祖舞蹈。相传是为纪念畲族祖先的艰辛创业及丰功伟绩而创作的,主要用于迎祖、祭祖时演出。

龙头舞由三部分组成。一为"盘古开天,日月照凡间"(单独演出时称"日月舞")。即将形象设计的日、月固定在一方短柄木模型上,由八个男女舞者左右手执(左日右月)进行表演。二为"龙飞舞"(以龙头圈绕腾跃为主舞)。其舞姿多用左右踮弓步、跳蹲步、左右弓箭步。三为"龙抢珠"(以双龙抢珠为主舞)。分别将龙头、龙珠固定在一根短柄杖具上,前方男女二人合执龙头而舞,后方男龙女珠而舞,全台八人排列两行,主要舞蹈有左右换位舞、前后换位舞、对角交叉换位舞、环圈换位舞。

龙头舞与铃刀舞、猎捕舞一样,不以独舞、双人舞形式出现,而是以群舞形式出现,音乐仅以大鼓等简单的传统乐器为主,辅以后台及舞者的伴

唱等。表演形式粗犷质朴,富有仪俗感;风格庄重典雅,温馨灵活;舞姿和谐优美,刚柔结合,矫健有力,富有个性;充分表现了畲族人民崇敬祖先、热爱劳动、渴望幸福生活的美好愿望。

# 71.原生态民间舞蹈——荔城沟边九鲤灯舞

　　九鲤灯舞是流行于莆田市荔城区黄石镇沟边村一带的一种原生态民间舞蹈。它源于元宵节千姿百态的灯舞表演,经民间艺人世代沿袭传承,逐渐形成一套完整的舞蹈表演形式,明清时期达到鼎盛。九鲤灯舞以舞弄九种鱼灯而得名,该舞蹈具有祈福驱邪、祈求丰收等寓意。2008 年,其被列入第一批国家级非物质文化遗产名录。

　　九鲤灯舞所用鱼灯制作考究,先以竹篾做骨架,扎成鲤鱼形状,而后再在外部贴糊红纸并画上鱼鳞和鱼鳍。制成的红鲤鱼灯一般有 1.5 米长、0.4 米宽。演出时一支鱼灯队由十几盏鱼灯组成,为首的鱼灯稍大。

　　九鲤灯舞的传统表演队伍一般由 28 人组成,其中领队 1 人,执龙珠

2人,舞鱼灯9人,掌火炬5人,抬龙门4人,还有伴奏乐队7人。舞蹈的主要表现内容为龙鱼嬉戏、围珠、戏珠、跳龙门等。跳龙门时,持鱼灯者由低处向高处跃进,鱼贯而跃过龙门,动作粗犷激烈,舞技高超。紧接着众人再按照严格的传统队形沿五星图案的篝火穿梭表演,最后9条鱼团团围住龙珠,高潮迭起,舞蹈结束。

传统的九鲤灯舞有着一整套规定动作,演出中还须以锣、鼓、铙、钹等从旁伴奏。鱼灯舞动时,只见大红鲤鱼在夜色中上下穿梭,悠游嬉戏,欢快之情令人深受感染。九鲤灯舞的表演者大都是农村中的青壮年,年纪较大者一般负责敲锣打鼓配合。演出时如果碰上邻村的舞龙队伍,则另有一套鱼龙相戏的舞法,用以表示彼此友好的诚意。九鲤灯舞不仅蕴藏着闽中人民百年积淀的历史文化内涵,同时也深刻地体现了当地百姓的生活生产、宗教民俗和审美观念等,深受百姓的喜爱。

## 72.风趣幽默的民间舞蹈——火鼎公火鼎婆

鲤城火鼎公火鼎婆是流传在泉州一带的一种古老民间舞蹈,源于泉州民间迎神赛会中的"火鼎踩路",有"烧去千灾,迎来百福"之意,是泉州地区迎神赛会、婚丧喜庆中常见的舞蹈表演形式。至今已有近300年的历史,于清朝中后期在泉州鲤城民间普遍流行,并成为群众喜爱的一项民间文化活动,清乾隆《泉州府志·民俗》中有相关记载。2007年,其被列入福建省第二批省级非物质文化遗产名录。

火鼎公火鼎婆舞蹈的表演者一般是三人,饰演一家三口。乐队由六七人组成,随三人之后伴奏;表演因时因地而定,时间可长可短。三人踏着民间小调〔十花串〕(又名〔流水板〕)等轻松明快的节奏,边行边舞,时而疾步如飞,时而悠闲自得,乐观爽朗、风趣幽默的风格贯穿整个表演过程。

"火鼎公"上身反穿羊羔黑裘,下着宽筒黑裤,裤管下端紧束绷带,脚

穿圆口软底男布鞋,腰束长绸巾,手执竹制长烟管在前;其形象为泉州高
甲戏中的"破衫丑",表演诙谐滑稽。"火鼎婆"身着镶边大襟红衫,下穿镶
边宽筒大红裤,头顶盘起高高的发髻,脚穿高底绣花软底布鞋(闽南俗称
"大公鸡鞋"),手执大圆蒲扇在后;其形象在高甲戏行当中称作"家婆丑",
表演风趣幽默。一口内燃木柴的火鼎架在两根竹竿中间绑着的"四脚架"
上面,公婆两人通过绑在竹竿两端的长绸巾抬起火鼎;"女儿"身穿青色镶
边大襟衣和镶边宽筒裤,脚穿绣花软底布鞋,肩担两头各挑着装有木柴的
小竹篮,走"挑担步",紧随俩老之后,乖巧可爱,不时还会将所挑的木柴投
入火鼎,使鼎火保持不灭。那熊熊燃烧的鼎火也寓意百姓生活红红火火、
蒸蒸日上。

## 73.综合性民间歌舞——龙岩采茶灯

　　龙岩采茶灯,又名采茶扑蝶,流行于龙岩城乡一带,是一种集说唱、戏曲、舞蹈于一体的综合性民间歌舞。20世纪六七十年代,中央和福建人民广播电台《对农村广播》栏目一直采用采茶灯音乐曲调作为栏目开场曲。2005年,龙岩采茶灯被列入福建省第一批省级非物质文化遗产名录;2014年,入选第四批国家级非物质文化遗产名录。

　　采茶灯起源于龙岩市新罗区苏坂镇美山村,流传至今有近300年的历史。采茶灯从音乐、舞蹈到服饰都保留了古中原的遗风。"灯"与龙岩话的"丁"同音,寓意添丁发财、人口兴旺,因此采茶灯多在新年、庙会、喜宴等场合表演。

　　采茶灯一般由10~20位演员共同表演,展现茶女们在"茶公"和"茶婆"的带领下,上山采茶的过程。采茶灯的音乐根据歌舞情节分为"正采"

"倒采""扑蝶"3 个主要部分,即前山采茶,谓之"正采";后山采茶,谓之"倒采";采茶完毕,茶香引来美丽的蝴蝶,茶女们放下茶篮,欢快逐蝶的情景,谓之"扑蝶"。整个歌舞生活气息浓厚,富有浓郁的民族风格和地方特色。

采茶灯最早采用的伴奏乐器是鼓、钟、箫、钹、唢呐、钲等,后来加入了龙岩灯仔鼓、二胡、三弦、板胡、扬琴、笛子等。

花灯与折扇是采茶必不可少的舞蹈道具,而"舞蝶"的服装和道具则是采茶舞的一个标志性造型。舞者一般头戴冠饰,身披亮丽的斗篷,手执以竹篾为主要材料制成的精美彩蝶,翩翩起舞,灵动自然。

龙岩采茶灯主要采用唱词与道白融合、快板与山歌并唱的表演方式。在道白方面以即兴为主。演员根据表演现场的实际情况和气氛即兴编出,尤其是"茶公""茶婆"作为丑角的逗乐表情与动作相互配合,将舞蹈与诗歌巧妙地融合起来,惟妙惟肖,十分生动。2019 年,新罗区融媒体中心携手国家非遗"龙岩采茶灯"省级传承人黄淑霞、中国舞蹈家协会会员邱惠珍等,制作《龙岩采茶灯图典》,用视频、音乐、图文的形式,全方位展示龙岩采茶灯里的"福"文化。

# 74.神秘的祈福舞——宁德畲族奶娘催罡巫舞

宁德畲族奶娘催罡巫舞是闽东畲族巫舞中最具代表性的一种舞蹈,距今已有 300 多年的历史。2005 年,其被列入福建省第一批省级非物质文化遗产名录。

奶娘催罡巫舞的主角是地方女神陈靖姑,又名陈十四娘,闽东民间亲昵地称之为"奶娘"。表演流派属于正一道中的武堂(又称武科),全舞始终围绕塑造陈靖姑的形象而展开,体现了畲族原生态的舞蹈形态和音乐风格。

　　男扮女装是奶娘催罡巫舞的主要特征。奶娘的服饰主要有"头红"（包头红布）、神额、神裙；主要道具（法具）有羚号（闽东称"龙角"）、铃刀和手香炉。羚号按材质不同可分为木制羚号和铜制羚号，颜色以红色或黑色为主，主要用于间奏中的对天长鸣，以渲染气氛。铃刀，一般由铜制成，柄似尖刀，舞动时铃片可沙沙作响，取意镇鬼驱魔；从音乐的角度来说，起到类似沙槌的伴奏作用。此外，伴奏乐器还有鼓钗、三音锣等。

　　扮演奶娘的舞者头戴神额，身穿神裙，左手执铃刀，右手执羚号，边唱边跳,并有众人唱和。奶娘在表演中既要体现女性特有的温柔善良,又要展现镇鬼驱魔的英雄本色。整个舞蹈刚中有柔,柔中有刚,人物个性与情节需求紧密结合,给人以艺术的美感。

奶娘催罡巫舞分"净坛""请神""催罡"三个部分。"净坛",意味着去污逐秽、净神坛;"请神",即请"神"来;"催罡",又叫"踩罡",指踩罡步。在表演中,这三个部分又细分为十二个步骤,除了表现陈靖姑镇鬼驱魔外,还描绘了陈靖姑在人间的生活,如"筛米""钓鱼""梳头""洗面""照镜"等日常生活的情景。

# 75.民间吹打音乐的典范——南靖四平锣鼓乐

南靖四平锣鼓乐,俗称粗锣鼓,是漳州市南靖县的传统音乐,主要流行于南靖县金山、龙山一带,具有较强的民间影响力。四平锣鼓乐源于古

代的四平戏,至今已有 500 多年的历史。2005 年,其被列入福建省第一批省级非物质文化遗产名录。

四平锣鼓队的乐器有吹奏类和打击类两大部分。吹奏类主要是唢呐;打击类主要有大钹、小钹、大锣、小锣、大鼓、小鼓、竹鼓等。传统的四平锣鼓队一般以 8 人为一个演奏单位,也可以根据实际情况的需要增加2~4 人。

四平锣鼓乐代表曲目有《蔡伯喈不认前妻》《苏秦六国封相》《刘文龙菱花镜》《吕蒙正衣锦还乡》《刘知远白兔记》《王十朋》等。锣鼓乐的演奏遵循戏剧节目,按套进行,如头音吹排、二音吹排、三音吹排、大破对阵、看阵、双剑记、铁弓对阵等。表演时,以唢呐为主,以鼓指挥,辅以队形而构成"唢呐主奏,以鼓振节"的导乐性特征。演奏曲调有本土乐曲芗剧曲调,又有外来乐曲,二者长期并存,各自发展。演奏中,吹音曲调、锣鼓节拍与吹音旋律紧密配合,锣鼓声喧,优美动听,明快热烈,雄浑有力,具有极强的艺术感染力。

四平锣鼓乐长期活跃于农村庙会、庆典等活动中,深受民众的喜爱。2018 年,电影《古田军号》在南靖拍摄了部分镜头,其中就有四平锣鼓乐。

# 76.闽东民歌"活化石"——畲族小说歌

畲族小说歌,又被称为"全连本"或"戏出",俗称"大段",是一种由畲族民众创造的、独特的长篇故事歌。它发祥于清代霞浦县溪南镇白露坑村。最初是由畲族中一些识字的歌手将汉族章回小说和评话唱本改编为畲族山歌的口头唱本和手抄唱本,后逐渐也将本民族的英雄人物事迹进行加工创作,形成了特色鲜明、内容丰富的系列作品,如《高皇歌》《历期歌》《钟良弼》《钟景祺》等。2006 年,畲族小说歌被列入第一批国家级非物质文化遗产名录。2019 年,霞浦县福宁文化艺术交流中心被列为畲族

小说歌的保护单位。

　　畲族小说歌叙事性和故事性强,结构严谨有章法,且善用多种技法,对故事中的人物形象进行艺术加工;每篇作品均由众多的单首组成,单首的结构一般为四行,每行七字,类似汉语格律诗的七绝,最短小说歌也由几十首单首组成;作者的署名往往被巧妙地隐藏在歌尾。

畲族小说歌现存手抄本和口头小说歌有 130 本。其内容丰富,形式多样,语言明快,音韵和谐,情感朴实真切,且不用典故,不夸张不粉饰,融叙事、咏物、抒情于一体,在畲族文化史和文学史上占有重要的地位。

# 九、民间戏曲

## 77.福州方言的活化石——闽剧

　　闽剧，是福建五大地方剧种中剧团数量最多、观众覆盖区域最广、对老百姓影响最深的剧种之一。早期俗称"前三合响"，雅称"榕腔"或"闽腔"，是一种用福州方言演唱、念白的戏曲剧种，故又称"福州戏"。2006年，其被列入第一批国家级非物质文化遗产名录。

　　闽剧距今约 400 年历史,有 190 多首曲牌,大多融合了明末到清代中叶的平讲、江湖、儒林 3 个流派和徽调而形成多声腔特色。演唱时,男女均用本嗓,又恰当运用喉腔、鼻腔、腹腔、胸腔共鸣交替的变化以增进效果,形成高亢激越、朴实自然、干净利落,却又不乏细腻柔婉、优美流畅的特点。唱腔有逗腔、江湖、洋歌、小调、哆哕和板歌 6 个部分,统称"榕腔"。

　　闽剧的角色早期只有生、旦、丑三个行当,后逐渐发展为小生、老生、武生、青衣、花旦、老旦、大花、二花、三花、贴、末杂等"十二角色"。在表演上,以演唱、念白为基础,注重对手、眼、身、法、步等基本程式的运用,力求通过唱腔、形体、情感等表达人物的内心世界。主要的伴奏乐器有横箫、唢呐、头管、二胡、椰胡、青鼓、战鼓、大小锣等。

　　闽剧传统剧目有 1300 多种,大多为历史演义,或通过对小说、评话、传奇故事、其他杂剧的改编,或取材于当地百姓所喜闻乐见的民间故事。

　　闽剧流行于福州方言区与宁德、建阳、三明等地,台湾地区,以及东南亚华人华侨旅居地,是传递乡音、乡情、乡恋的一个重要艺术媒介,有较高的艺术价值。

# 78.世界戏剧艺术的图书馆和博物馆——莆仙戏

　　莆仙戏,旧称"兴化杂剧""兴化戏",是中国现存最古老的戏曲剧种之一。它是一种南宋时期宋杂剧影响下的,出现于福建莆田、仙游一带的,将歌舞念白综合起来搬演故事的杂剧。2006 年,莆仙戏被列入第一批国家级非物质文化遗产名录。

　　莆仙戏遗存的剧目完整、珍贵且丰富。据相关数据,莆仙戏存留传统剧目 5000 个、手抄剧本 8000 余册,其中宋元及明代早期的南戏剧目 80 多个,其研究价值和文化价值已远远超过了普通意义上的地方戏。刘念兹先生在《南戏新证》中称:"仅就上述已经收藏的莆仙戏剧本数字来说,

全国以至全世界，还没有别的剧种可以与之相比。它是迄今收藏世界戏剧艺术作品最丰富的一个图书馆和博物馆。"

莆仙戏行当沿袭南戏旧规，原有两生、两旦、靓妆、末、丑七个角色，俗称"七子班"；清末增添老旦一角，故称"八仙子弟"；后又添了不少角色，但"靓妆"（即"净"）一角至今保留了宋代杂剧的称谓。莆仙戏的表演程式古朴优雅、细致传神，其主要特点在于以肩部带动肢体各部位，同时也吸收了提线傀儡戏的表演艺术，角色的唱念做打等也保留有傀儡戏的痕迹。

莆仙戏乐器早期很简单，与宋元南戏一样只有锣、鼓、笛。其唱腔结构属于曲牌体，有音乐曲牌 1000 多支，锣鼓经 300 多种；而唱白则巧妙地利用莆仙方言中的律动性和音乐性，形成了意蕴悠远、缠绵悱恻、回环绕梁的声腔特性，往往演员一开腔就能深深地牵动观众的心，深受当地百姓的喜爱。

# 79.闽南文化的典型代表——高甲戏

　　高甲戏,又名戈甲戏、九角戏、大班、土班,是闽南地方戏曲剧种之一,也是闽南地方文化的典型代表。其发祥于福建泉州,流行于闽南方言地区,以及东南亚各国华人华侨聚居地,在海内外有着极大的影响。2006年,高甲戏被列入第一批国家级非物质文化遗产名录。

　　高甲戏的前身是宋江戏,以武打为主,其套数多采用民间的"刣狮",即由艺人装扮成武士,手执各种武器,分别与雄狮搏斗。现存舞台上的武打套数"冷煎盘""大碰场""凤摆尾"等都保留着"刣狮"的传统表演,也吸收了提线木偶的武打,即"嘉礼打"。其表演艺术来自梨园戏、木偶戏、弋阳腔、徽戏和京剧;音乐唱腔以南曲为主,兼用傀儡调和民间小调,唱字行腔时而雄浑高昂,时而清婉细腻,具有浓郁的地方韵味。

　　高甲戏传统剧目有 900 多个,流传下来的有 600 多种。演出剧目则分为"大气戏"(廷戏和武戏)、"绣房戏"和"丑旦戏"三大类。高甲戏的角色行当原来只有生、旦、丑三种,后又增加了净、贴、外、末和北(净)、杂二色,俗称"九角戏"。所使用的乐器,分为文乐和武乐。文乐以唢呐为主,配以洞箫、三弦、二弦,后来又加入琵琶、扬琴、二胡、中胡、小提琴和大提琴;武乐有百鼓、小鼓、通鼓、铎板、大小锣、大小钹,特别是响盏和小叫,有浓厚地方特色,是丑旦戏或轻松场面不可缺少的打击乐。

# 80.闽南人的独特记忆——歌仔戏

　　歌仔戏,闽南地区一般称之为芗剧,是一种以闽南歌仔为基础,吸收梨园戏、北管戏、高甲戏、京剧、闽剧等戏曲的营养而形成的地方戏曲。它诞生于 20 世纪初的台湾岛,是中国 360 多个戏曲剧种中唯一诞生于台湾地区的剧种,主要流传于台湾地区、闽南,以及东南亚华人华侨聚居地。2006 年,歌仔戏被列入第一批国家级非物质文化遗产名录。

歌仔戏的角色初为一男一女对唱,后发展为生、旦、丑三行,同时兼备科、曲、白。众角色皆用真嗓演唱,其中以苦旦最具特色。歌仔戏的主要伴奏乐器有椰胡、大筒弦、京胡、唢呐、单皮鼓、锣、铙钹等。按照表演形式和剧场形态的不同,可分为落地扫歌仔阵、野台歌仔戏、内台歌仔戏等。随着广播、电影、电视等大众传媒的兴起,广播歌仔戏、歌仔戏电影及电视歌仔戏等也相继涌现出来。

歌仔戏音乐分为唱腔和伴奏音乐两部分。其唱腔属于曲牌联缀体,在联缀时,可采用同宫同调、同宫异调、异宫同调、异宫异调等方式。唱腔曲牌一般有七字仔、杂碎仔、卖药仔、杂念仔等四大主调,以及哭调和调仔等。伴奏音乐则分为串仔、吹牌和锣鼓经。

歌仔戏演唱内容都是以民众熟悉和与现实生活有关的民间故事为主,代表剧目有《陈三五娘》《八仙过海》《济公传》《梁山伯与祝英台》等,多强调忠孝节义,很受百姓的喜爱。

# 81.宋元南戏的活化石——梨园戏

梨园戏作为闽南地区的传统戏曲形式,素有"古南戏活化石"之称。它发祥于宋元时期的泉州,与浙江的南戏并称为"搬演南宋戏文唱念声腔"的"闽浙之音",广泛流播于福建泉州、漳州、厦门,广东潮汕,港澳台地区,以及东南亚各国通行闽南方言的华人华侨聚居地。2006 年,其被列入第一批国家级非物质文化遗产名录。

梨园戏不仅以历史悠久闻名遐迩,更以保存了大量的南戏剧目而赢得"活化石"之美誉。大量的剧目中包括被古人称为"戏文之首"的《王魁》《赵贞女》等,还有《韩国华》《朱寿昌》《江中立》等 20 多个为梨园戏所独有的传本或存目,以及下南戏 13 个剧目、上路戏 18 个剧目等。

梨园戏有一套与众不同的表演程式,称为"科步",有一两百个动作。

其基本表演程式叫"十八步科母",且以虚拟坐轿、睄灯、踢球及拍胸等为最具代表性,其中"拍胸舞"被戏剧界专家称为"闽中舞台三奇"之一(另外二奇是莆仙戏的"抬轿子"与高甲戏的"吹喇叭")。梨园戏早期的服装没有水袖,因此特别注意手部的动作,如"兰花手""鹰爪手""姜母手""毛蟹手""观音手"等。

梨园戏音乐属泉腔(即用泉州话演唱),由南音、笼吹、十番和部分潮调等融合而成。其结构形式为曲牌体,唱腔牌现存200多支,以"滚门"归类,不少曲牌至今仍沿用唐宋古曲牌名。

传统乐队由鼓师、副鼓、中吹、弦管、副笼5人组成,后扩大为12人左右。乐器中最有特色的是南鼓、南琵琶(横抱演奏)、二弦(保持古奚琴原形)、尺八和拍板。南鼓打击时由鼓师翘起右脚跟压在鼓面上,以控制音量、音色的高低强弱变化,故又俗称"压脚鼓",为全国其他剧种所未有;而尺八与五块木片串成的拍板则保存了唐宋乐器特征。

# 82.音乐史上的"沧海遗珠"——泉州南音

南音，也称弦管、泉州南音，是一种发祥于福建泉州、用闽南话演唱的、具有中原古乐遗韵的汉族民间音乐，为我国现存最古老的乐种之一。其工尺谱记法，及横抱演奏的曲颈琵琶、十目九节的洞箫、二弦、三弦、击拍板等乐器，均因袭古代遗制。2006 年，其被列入第一批国家级非物质文化遗产名录；2009 年，被联合国教科文组织列入世界非物质文化遗产名录。

南音以标准泉州方言古语演唱，读音保留了中原古汉语音韵。演唱时讲究咬字吐词，归韵收音，曲调优美，节奏徐缓，古朴幽雅，委婉深情。南音由"指套""大谱""散曲"三大部分（俗称"指""谱""曲"）组成，音乐体系完整，形式内容丰富。现存的曲目有器乐曲和声乐 2000 多首（套），内容涵盖清商乐、唐大曲、法曲和佛教音乐，以及宋元明以来的词曲音乐、戏曲音乐等。其中"指"共 50 大套，主要有《自来生长》《一纸相思》《趁赏花灯》《心肝跋碎》《为君去时》5 套；"谱"共 16 大套，内容多为描述四季景色、花鸟昆虫或骏马奔驰等情景，其中著名的有"四"（《四时景》）、"梅"（《梅花操》）、"走"（《八骏马》）、"归"（《百鸟归巢》）4 套；"曲"，只唱不说，有谱、有词，内容大致可分为抒情、写景、叙事 3 类，主要取材于唐传奇、话本和宋元及明代戏剧人物故事，《山险峻》《出汉关》《共君断约》《因送哥嫂》等曲目广为流传。

南音乐器种类多达十余种，可分为"上四管"与"下四管"两部分，其中"上四管"包括南琵琶、洞箫、二弦、三弦和拍板，是南音演奏最重要的乐器。其演奏演唱形式为右琵琶、三弦，左洞箫、二弦，执拍板者居中而歌，与汉代"丝竹更相和，执节者歌"的相和歌表现形式一脉相承，讲究对称，主次分明；而左右两边的乐器则以琵琶为核心，完美地交融在一起，构成一个和谐的体系。

泉州南音流传范围十分广泛，不仅在闽南地区的泉州、漳州、厦门和港澳台地区广为流传，而且深受菲律宾、印尼、新加坡、马来西亚、泰国、缅甸、越南等国家海外侨胞的喜爱，成为维系海外侨胞和台湾同胞乡情的精神纽带。

## 83.丝竹长鸣,弦歌古今——闽西客家十番音乐

客家十番音乐是闽西客家民间传统音乐中最主要的代表性项目之一。十番音乐,又称十欢、集欢、打十般、十样景、十班、五对、国乐等,因乐

队中的演奏有十余件乐器而得名。十番音乐历史悠久,相传是从龙灯舞的打击乐发展而来,到清光绪年间,已流行于闽西各县。2006年,其被列入第一批国家级非物质文化遗产名录。

十番音乐的曲牌大多取材于传说故事及客家人生活习俗情趣等。曲牌大致可分为3类:一是大曲或大牌,为传统的十番乐曲;二是小调;三是戏曲弦串。打击乐曲牌福套、干牌、滴流水各套等,其中"福套"有"福、禄、寿、喜"4套;"干牌"分"文干""武干"2套。曲调总数曾达1000余首,主要靠口传心授,因此多已失传,流传至今的约300首,比较有名的如《五凤吟》《秦楼月》《湖光柳色》《好花圆月》《梅兰菊竹》《莺歌燕舞》等。

十番音乐的演奏乐器有十三种,最基本的有曲笛、芦管、琵琶、三弦、二胡、小胖壶、大胖壶、夹板等,笛子为领奏乐器。十番每社(队)人数少则五到七人,多则十到几十人不等。演奏形式有坐奏、行奏、舞奏;又分为室内与室外两种,室内则分为前后两堂。其演奏位置的排列十分讲究,掌板者为指挥,笛子引路(主导),文场和武场间隔进行。音乐板式有慢板、中板、快板三种,演奏时强调后半拍,音乐高八度,风格粗犷热烈、优雅抒情,节奏明晰、顿挫分明。

闽西客家十番音乐在流传中不断吸收融会了当地畲瑶古乐、南词说唱及汉剧、祁剧、潮剧、采茶戏、木偶戏,甚至宗教音乐等,艺术积淀深厚,曲调风格丰富多彩,深得群众喜爱。

# 84.流传千古的曲艺——莆田梆鼓咚

梆鼓咚,俗称板鼓、咚鼓唱、板鼓唱、咚鼓、鼓咚、咚鼓咚、乞丐诗、乞丐书、乞丐歌、乞食诗等,仙游则多称"筒鼓咚",1949年后又被称为"俚歌",《中国曲艺音乐集成》通称为"板鼓咚",是一种流行于莆仙地区(包括惠安、福清、永春等邻县市的兴化方言区),以竹筒鼓和竹片伴奏的,集说、

唱、打、表于一身的叙事体民间曲艺。早年也是流浪艺人(尤指盲人)的谋生工具,故又称盲技。2015 年,其被列入福建八大濒危曲种之一;2017年,被列入福建省非物质文化遗产名录。

梆鼓咚源于宋代南戏,主要以口传心授的方式传承,其传承的媒介只有唱词而无曲谱。演唱的传统曲目以改编为主,改编的类型主要有民间故事、戏曲剧目、佛道劝善故事等。其主奏乐器是梆鼓,这是一节一尺二寸长的竹筒,蒙上青蛙皮或猪皮,以圆竹箍紧为鼓(现以缠绕丝布的铁丝箍紧为鼓)。演唱者腋下挟梆鼓,右手击鼓,左手握长约三寸、阔约一寸二分的竹片两相击作为伴奏。

梆鼓咚是用莆田方言进行演唱,往往在开唱前会有一段技巧性很强的击鼓演奏,结束时亦有一段击鼓收场。其敲击法主要有四种,即响鼓、边鼓、点鼓、闷鼓。伴随着不同的击法,梆鼓会发出不同的音乐节奏。其中响鼓是以食指或中指敲击鼓心,发出响亮的"咚咚"声;边鼓是以食指或中指敲击鼓边,发出清脆之"当当"声;点鼓是以食指和中指,弹打鼓面发出"嘟嘟"声;闷鼓则以中指、食指压打鼓面,发出低沉之"朴朴"声。

梆鼓咚形式简单活泼,伴奏乐器轻便,演出场地灵活,便于传播。在演唱中,唱腔随着唱词的音韵、声调、语气、情感的变化与转换,可以唱出多种不同的曲调。最初的演唱分"文唱"和"俗唱"两种。文唱,即为文人创作,文字深奥含蓄,难以在百姓中流传而逐渐消亡。俗唱,俗称"乞丐歌",为民间口头创作,通俗贴近生活,普通百姓都能哼上一段,因此"乞丐歌"的梆鼓咚形式流传至今。

# 85.十指悬丝演绎人生百态——泉州提线木偶戏

泉州提线木偶戏古称"悬丝傀儡",又称"悬丝木偶""线戏"。关于木偶的起源,一说源于周穆王,一说源于汉代。据《搜神记》载:"汉时京师宾婚嘉会,皆作魁儡。"唐代,木偶戏愈发兴盛,还出现了掌中戏。唐《通典》曰:"作偶人以戏,善歌舞。"宋代,其种类越发多样,有悬丝傀儡、杖头傀儡、药发傀儡、水傀儡等。据考,泉州的提线木偶即是从宋代悬丝傀儡演变得来。2006年,泉州提线木偶戏被列入第一批国家级非物质文化遗产名录。

泉州提线木偶主要由木偶头与躯干组合而成。木偶头以樟木为材料,经由细雕、打磨、黏合而完成木雕部分,而后通过打底、粉彩、勾勒面谱、梳髻、安须眉等步骤粉彩木雕。躯干部分为脚、手、身躯。早期木偶双脚以麻编结,无关节。双足以木头雕刻,足尖外摆,似一字形。双臂纸扎而成,关节相连。手掌分文、武手,木雕而成。身躯以细竹编成笼状,称"笼腹"。躯干外部根据角色性格着戏装、戴头盔、安鞋履。木偶身上安有十六条提线,可表演行踏、跪坐、颠跌等动作。

泉州提线木偶戏音乐唱腔独特,高远质朴,称"傀儡调";其主旋律与

南曲相近却又略有不同,节奏明快,刚健活泼;曲牌丰富多彩,打击乐自成一格,常以小唢呐为主乐,俗称"嘉礼调"。

# 86.中华绝活——霍童线狮

霍童线狮现留存于宁德市霍童镇,又称"抽狮",当地人称之为"打狮",是一种具有地方特色的、乔装动物的杂技节目。2006 年,其被列入第一批国家级非物质文化遗产名录。

相传,隋代谏议大夫、江夏石桥黄化的开山始祖黄鞠公曾为霍童灌溉村田,造福子民,当地便以举办"二月二"灯会的方式来纪念他,线狮表演

是其中最具特色的节目之一。明代中后期以来,霍童线狮成为当地节庆文化的重要组成部分。

霍童线狮做工精细,风格独特。通过绳索操纵狮子表演各种动作,集文功、武功于一身,其表演有单狮(雄)、双狮(一雄一雌)、三狮(一母二子)、五狮(一母四子)四种形式。线狮表演最早是沿途行进,边走边舞,后转为固定舞台表演。经过历代民间艺人的实践性创造,线狮的表现力越来越丰富,能表演坐立、蹲卧、苏醒、伸展、登山等各种不同姿态,仅狮子戏球就有寻球、追球、得球等动作。狮子所有的这些动态表演,全凭艺人们集体的操纵和密切的配合得以实现。

霍童线狮不仅拥有丰富的表演内容,还具有一套独特的传承方式,有传男不传女的家族传承特点,由此而导致后继乏人的状况。霍童线狮堪称中华绝活,发掘抢救和保护霍童线狮,对认识和研究中国民俗文化具有重要意义。

# 87.一人一台戏——柘荣布袋戏

　　柘荣布袋戏,又称大拇指戏,是一种由嘭嘭鼓演变而成的、集演唱鼓乐于艺人一身的民间偶戏。柘荣布袋戏产生于清代,是福建珍贵的地方微剧种之一。2005 年,其被列入福建省第一批省级非物质文化遗产名录。

　　柘荣布袋戏主要特点是"一人一台戏"。演出时,演师手、脚、口、身并用,两只脚踩锣钹等五六种打击乐器,全凭双手十指掌控木偶,塑造传统戏曲中生、旦、净、末、丑等艺术形象,最多能让十个木偶同台表演。

　　柘荣布袋戏演出剧目以古书、演义为主;音乐曲调采用温州和剧,以语言的轻、重、缓、急、吞、吐、浮、沉等变化来创造音调,对白声腔贴近方言,并通过艺术化的处理,使得人物语言富有个性,特别是丑角的插科打诨、语言交锋,或谐或庄,风趣幽默,自古有"千斤道白四两曲"之说。

　　演出分为前场和后场,前场是舞台部分,后场包括演师和音乐演奏。演出行头很简单,木偶、道具、戏台、乐器全部加在一起,一担便可挑起。演出的"戏台"是一张宽不及一米、高不过半米的小方桌子,四周用幔帐围住。幔帐的正面两边各开一个不大的口子,演师躲在帐后,从这两个口子伸出手,操作木偶头,人则坐在戏担上,口动、手动、脚动,一边打击小钹、板鼓、盖头板等乐器,一边舞刀枪、弄剑戟,下方还踩着脚锣,而身子则随着剧情的进展变换各种姿势,热闹非凡,真可谓:"方寸之中行万里,一人手上演百官。帐前可演天下事,箱中能容世上人。"

## 88.戏剧文化的瑰宝——南靖竹马戏

南靖竹马戏，又叫马艺、马灯、竹马灯、竹马舞，是以竹制马为道具，流行于漳州市漳浦、龙海、东山、云霄沿海一带的一种地方戏剧，因表演者身扎竹制马而得名。其历史悠久，相传系由唐朝的"跑竹马"演化而来，至今已有1200多年历史。2005年，南靖竹马戏被列入福建省第一批省级非物质文化遗产名录。

竹马戏主要应用于迎神赛会等活动，走村串社，祈求合境平安、风调雨顺。村民新婚、建新房、得贵子或做生意也请竹马戏表演祝贺。演出的阵容一般有9名演员，其中由4个旦角扮演春、夏、秋、冬4个角色，骑着竹马出场，边舞弄边唱曲。其伴奏乐器以琵琶、洞箫、横笛为主，艺术特点是演员少，节目短，剧目多为反映民间生活的小戏，化装、道具简单朴素。

竹马戏的竹马以竹篾扎形，外蒙红、黑、赤、青、花、白等多种颜色纸，糊制成马的形状。演出时，竹马的前节挂在演员前齐腹处，后半部挂在齐腰椎处，看起来演员就像骑在马上，加之骑马的动作表演，显得活灵活现、惟妙惟肖。竹马戏演出唱腔为闽南方言歌仔调，以当地的俗语、白话顺口溜为对白，男角诙谐逗趣，女角则含蓄柔情，场面生动活泼，有着浓厚的乡土气息。

# 89.穿越千年的舞蹈——邵武傩舞

傩舞是传统社会具有祭祀礼仪性质的原始舞蹈。邵武傩舞是邵武市一种古老的舞蹈形式，流行于邵武的大埠岗、和平、肖家坊、桂林、金坑等乡镇。据相关石碑记载，邵武傩舞始于宋代，距今已有上千年历史。2008年，邵武傩舞被列入第二批国家级非物质文化遗产名录。

邵武当地一般不使用"傩舞"名称，而以"跳番僧""跳八蛮"等具体节目名相称。邵武傩舞留存了祭仪乐舞中驱傩的原生形象，没有故事情节，也没有说唱，在面具、服饰和舞蹈动作等方面均带有明显的古傩余韵。除保

留中原地区原始的驱疫逐鬼内容外,还增添了祈求健康平安、生子添丁、学业有成之类的内容。表演时,舞者头戴面具,脑后缀一块红布,伴随着鼓点乐曲前后穿梭跳跃,在空旷的大地上歌舞、呼号,舞蹈动作复杂,展现出质朴粗犷的原生态气质。

邵武各村跳傩的时间和奉祀的神明不尽相同,但跳法基本相同,即以集体舞为主,个别领舞为辅。傩舞的伴奏一般只有锣鼓,以鼓点为主,为便于记忆,各地的鼓点都有一定程式。锣只起烘托作用,与舞步无关,故有"你打你的锣,我跳我的舞"之说。

# 十、民间体育

## 90.遍及华人集聚地的表演习俗——舞龙舞狮

　　舞龙舞狮,是我国大型节日里必不可少的节目之一。每逢喜庆或庆典的日子,人们总以舞龙舞狮来助兴,祈求风调雨顺、五谷丰登、兴旺发达、吉祥如意、事事平安等。相传这一习俗起源于三国时期,在南北朝时开始流行,距今有一千多年的历史。目前舞龙舞狮已遍及中国大陆、港澳台地区,以及东南亚、欧美、大洋洲等各华人集聚地,成为中华文化的重要标志。其中,龙岩的红龙缠柱于 2015 年被列入市级非物质文化遗产名录。

龙在中华民族中代表尊贵、吉祥、成功、幸运。舞龙,又称耍龙灯、龙灯舞,其主要道具是"龙",一般用草、竹、布等扎制而成。每条龙的节数以单数为吉利,9～29 节不等。同时配以龙珠和鼓乐,成为集力量、智慧、鼓乐于一体的艺术表演样式。

狮子外形威武、神秘,象征智慧、力量、吉祥、繁荣、和平、好运,深受民间百姓的喜爱。在福建传统节日活动中,舞狮是一项重要内容。相较于舞龙来说,舞狮技艺更加便捷,因此在民间表演中更为常见。福建舞狮分文狮和武狮。文狮重形意神态,舞法细腻;武狮重威武技巧,以泉州、漳州、厦门的狮阵,连城客家的青狮为代表。

舞狮表演一般是一人、一球、一狮。狮有大小之分。小狮由一人舞;大狮由双人舞,一人站立舞狮头,一人弯腰舞狮身和狮尾。舞狮人全身披包狮被,下穿和狮身相同毛色的狮裤和金爪蹄靴,形象栩栩如生。

武狮的引狮人常装扮成古代武士形象,手握旋转绣球,配以京锣、鼓钹,逗引瑞狮。狮子在引狮人的引导下,进行腾翻、扑跌、跳跃、登高、朝拜等动作表演,还有走梅花桩、窜桌子、踩滚球等高难度动作,欢腾跳跃,为节日平添喜庆和热闹。文狮的引狮人则头戴大头佛面具,身穿长袍,腰束彩带,手握葵扇逗引狮子,以表情表演为主,常有搔痒、抖毛、舐毛等动作,也有难度较大的吐球等技巧,动作滑稽风趣,受人喜爱。

# 91.武学历史上稀有的"女人拳"——咏春拳

福建咏春拳属于中国南拳,是一门融合正当防卫系统和合法使用武力的制止侵袭的中国传统武术。其主要特点是专注于尽快制服对手,以此将当事人的损害降至最低程度。咏春拳起源于明末清初,相传为福建

南少林五枚师太所创,是中国武学历史上稀有的专为女性所创的拳法之一,故称"女人拳"。最早流传于福建沿海一带,后传播到广东、香港、云南等地。2009年,福建传统咏春拳被列入福建省第三批省级非物质文化遗产名录;2014年,被列入第四批国家级非物质文化遗产名录。

咏春拳具有较强的科学性和实战性,其拳理充分剖析女性弱点和特长,极其巧妙地利用人体力学、杠杆结构、三角力学等原理,精确把握与利用空间,以己之长攻敌之短,拳快而防守紧密,马步灵活而上落快,攻守兼备及守攻同期,注重刚柔并济,气力消耗量少。

咏春拳内容主要包括小念头、寻桥、标指等。小念头,为咏春入门基本功,主要训练上、中、下结为一体,内练气,外练形。讲究"拳打心口出,力从膝盖起",马步讲究"男扎三角钳阳马,女扎三角钳阴马"。寻桥,为中级套路,在小念头的身形、马步、手法的基础上,进一步提炼手、身、步合一,攻守合一。特点是攻防同时,连削带打,手脚并用。标指是咏春拳的高级套路,它承接了小念头中基本的攻防手法,组合动作中配以转马及左右两手的不同招式交替进行,充分发挥马步、腰、桥力的力量,套路中的动作不仅有贴身近打,还有中距离及远距离的攻击手法。

咏春黐手是咏春拳独有的练习法,着重培养手臂灵敏之触觉,及均衡感、方向感的方法,熟习后可以洞察对手之意向及动作。电影《叶问》系列中多次出现这种练习方法。训练辅助器材有贴墙沙包、三星桩等;训练器械有木人桩、八斩刀、长棍、沙包等。其拳诀为"化万法为一法,以一法破万法",充分体现出福建传统南拳快、劲、狠、准的特点。

## 92.胜似孙悟空的拳法——畲族拳

闽东畲族拳,又称畲家拳或畲拳,是南少林武术的一支流派,广泛流传于畲族聚居的地区。它有两个地方性代表:一个是罗源县八井村,另一个是福安县金斗洋村。

畲拳的缘起与畲民生活的自然环境息息相关。据畲族志书记载,畲族祖先靠抓捕野兽山禽为生,具有很强的生存技能。畲拳的产生与最初的生存狩猎、宗教节日活动、战争自卫和休闲娱乐紧密相关。

畲拳的主要动作有冲、扭、顶、搁、削、托、拨、踢、扫、跳等,重在防身,不先动手,讲究礼让,后发而先制人,具有力猛、马实、心摄、手狠等特点,

其中的一疾、二硬、三力的特点被誉为"三绝"。畲拳发力刚猛,动作朴实
无华,招招讲究实用。其运力方式以气催力,聚气助力;在单个动作之间
或若干动作组合之间,做迅速的深呼吸,在呼气时伴以"呵""咳""嗨"等吼
声,以助发力和拳威。其基本形态为含胸拔背,沉肩扣节,短手进攻,拳刚
式烈;且每一动作之劲起于足,发力于腰,以调动全身气力贯达掌梢拳端。

虚实马、八字马等都是畲拳的常用步法。演练畲拳时,要"眼似铜铃、嘴像狮形",步法稳健,固如磐石,几乎没有跳跃和高踢;而且讲究形象威武、雄伟彪悍,效仿虎之勇猛之形、豹之悍烈之势,并配合稳健的步法、气势雄壮的震脚,以威慑敌手,达到从心理上战胜对方的目的。畲拳手法极其丰富,其中以指法掌法最为多见,有一指点穴、二指摸珠、二指锁喉、三指挑裆、四指插肋、五指抓拿等,招招实用,攻击敌人要害,故有"手狠"之称。

畲拳历经千余年,其文化理念深深地影响着闽东畲族人民的生活,逐渐成为畲族文化的印记和文化符号。

# 93.福建七大拳种之一——地术拳

地术拳,又称地术犬法、地龙拳、地躺拳,俗称"狗拳",是福建七大拳种之一。2009 年,其被列入福建省第三批省级非物质文化遗产名录;2011 年,被列入第三批国家级非物质文化遗产名录。

地术拳是我国稀有拳种。相传为明代闽南白莲庵的比丘尼"四月大师"所创,为护庵健身之术,艺不传人。清初,由于南少林寺和白莲庵参加反清复明活动,被清政府下令焚烧寺庵、诛杀僧尼。四月大师受此迁连,避难于永春县,为陈家所收留。四月大师感其恩德,将该拳悉数传授予陈家,陈家将之视为奇珍,并谨遵辞训,只传男不传女,父子相承,秘不外传。后机缘巧合,由近代地术拳宗师陈依九定居福州后流传发展至今。

地术拳源于寺庵,又因发祥地地处长江以南,兼具南北武术风格,因此同属宗派系和南拳体系。其拳法特点既有南拳的低桩、扎马、稳实、刚猛,以声、气、力表达拳势的刚劲磅礴之慨,又有动作灵活、多变、起伏、飘洒,以形、意、神表达拳意的舒展飘逸之感,故而有"似南非南、似北非北"之说。

　　该拳法的击技要领为"精、贯、快、硬、敢"五个字。最具特色的是它的"地面功夫",有技击术、锁控术、关节技、捆绑术等拳法。主要是模仿狗的机警敏捷、灵活刚健、凶猛勇敢,及其善于翻、滚、扑、摔、剪、奔、窜、跳、钻、挂等特点,结合佛门禅,进而演绎出独步武林的招式。技击时,可长、可短、可柔、可硬;或上、或中、或下的轮换使用,以落地发威,出奇制胜,充分发挥了地上自护能力和技击捆绑动作，中、下盘的招式可谓独步天下。

地术拳"铁腿功"也不容小觑，"拳出多招必出脚，脚手结合成自然"。下盘阴阳勾是地术拳的下盘经典招式，目前尚无很好的破解招式，是无规则散打博击中固守易攻的不可多得的招式。

# 94.独特的体育娱乐健身项目——厦金宋江阵

宋江阵，也被称为宋江戏、套宋江，是一种以阵法操练和当地拳术表演为主要内容，集娱乐、健身、表演于一体的体育活动，主要流传于闽南和台湾地区。据传宋江阵源于明清时期，当时倭寇扰民，为了抵御倭寇，郑成功组织闽南地区村民模仿梁山好汉的穿着打扮，以《水浒传》中的"三十六天罡，七十二地煞"为主要武阵而进行操练。该阵法在郑成功收复台湾过程中发挥了重要作用，之后被带入台湾地区，逐渐演化成为深受两岸人民喜爱的演艺阵头。

厦门同安是宋江阵的主要发祥地之一。该阵法阵容十分宏大,演武内容主要包括行阵、单练与对练、群体演练、收阵四部分。行阵,即指群体演绎军旅武术步战阵法;单练与对练主要指表演兵器和拳术的单练和对练套路;群体演练主要指八卦阵(循环对练)的操演;收阵则以环螺阵收尾。其演武形式以武术表演为主,人数可多可少,一般有三十六人、七十二人、一百〇八人三种;主要扮演宋江、卢俊义、公孙胜、李逵、孙二娘、武松、阮小二等。阵法以锣鼓点场,以正、副龙虎纛旗为前导,按三十六天罡、七十二地煞的座位顺序亮相并表演。演员手中的器械,主要有刀、枪、剑、镰、钩、盾牌等十八般兵器。阵法之后便是武术表演,按照单人、多人,最后集体大绕阵的顺序进行表演。最后收场的一般是"关胜舞大刀"。青龙偃月刀大开大合,豪放潇洒,划破青天。

　　闽南各地的宋江阵各有特色,但基本内容和形式则大同小异。随着历史的发展,以及祭祀典祀、庙会仪式的需要,该阵法不断吸收融汇其他演艺元素,逐渐演化成为一种深受民众喜爱的、武术与舞蹈相结合的体育娱乐健身项目。

## 95.亲情的纽带——厦门中秋博饼

　　博饼是流传于闽南地区的独具特色的一项民间娱乐性活动。据传,该习俗是在郑成功屯兵时,为解士兵的中秋思乡之情、激励鼓舞士气而形成的。其举办时间为中秋节前后。2006 年,博饼被列入福建省第一批省级非物质文化遗产名录;2008 年,被列入第二批国家级非物质文化遗产名录。

　　博饼习俗的参与方式十分简单,男女老少皆宜,且无参与人数限制;道具只需一个大碗和六个骰子就可以了。参与者通过轮流掷骰子的方式来确定所获奖品,奖品设置模仿科举制度,设状元一个,对堂两个,三红四

个,四进八个,二举十六个,一秀三十二个。每逢中秋佳节,闽南地区都会以家庭或社团为单位,自发举行中秋博饼活动。博饼的游戏规则简单公平,既充满竞争悬念,又富于生活情趣,历来为民间百姓所喜爱。

初时的博饼习俗寄托着家人团聚的美好盼望,是家庭聚会时必不可少的活动。如今,博饼习俗已不仅仅是一种团聚活动、一种亲缘纽带,还为地方文化发展注入了新动力。

# 96.东方迪斯科——泉州拍胸舞

　　拍胸舞又称拍胸、打七响、打花绰、乞丐舞等,是一种发祥于福建泉州的传统民间舞蹈,广泛流传于福建南部沿海地区。相传为古代闽越族祭祀时的舞蹈,具有舞风粗犷热烈、地域色彩浓郁、自娱性强等特点,曾被誉为"东方迪斯科"、闽南地区传统民俗文化活化石。2005 年,其入选福建省第一批省级非物质文化遗产名录;2006 年,入选第一批国家级非物质文化遗产名录。

　　闽南拍胸舞最初作为祭祀舞蹈时,舞蹈动作和节奏较为单一,以击、夹、拍、踩为主,随着时间发展,逐渐形成了一套配以八字步与加令跳步①,交叉变化的表演形式。闽南拍胸舞一般有三种表演形式:乞丐拍胸、酒后拍胸、踩街拍胸。在泉州各大文化活动、文艺踩街活动、集会庆

---

　　① 加令跳步为一种舞步,参见郭金锁,黄明珠.闽南民间舞蹈教程[M].上海:上海音乐出版社,2008:82.

典、里巷乡村的民间迎神赛会,以及普通百姓的婚丧喜庆等,随处可见这三种拍胸舞的身影。

拍胸舞是一种男性舞蹈。舞者头戴蛇形草圈,赤足,裸上身,舞蹈动作以蹲裆步为主,双手依次击掌、胸、肋、腿,配合怡然自得的颤头;且随舞蹈环境和情绪的变化,其动作、节奏的幅度也产生相应变化,颤头、投足、拍胸、扭腰,时而跳跃、时而跪蹲、时而抬腿、时而踢腿,载歌载舞,情绪热烈。高昂激越时则会双脚反复顿地,双手使劲将全身拍得通红;舒缓和畅时则抚胸翻掌、扭腰摆臀,动作圆柔而诙谐,活泼而妙趣横生。

"打七响"是拍胸舞基本动作。舞者双手首先在胸前合击一掌,接着从右手开始,依次拍打左、右胸部;然后依次击打双臂内侧和右、左肋部,向外拍打右、左腿部,共得"七响"。同时配合跳动、晃动、颤头等动作,产生了别具一格的横晃动律。

拍胸舞历史悠久、流传广泛,不同地域、不同环境、不同身份的舞者往往形成各自不同特色的舞蹈风格。如舞者多几近裸身,遇冷天常须借酒驱寒,酒酣耳热之间所跳的舞蹈夸张、幅度大,甚至可跳起、卧地,步法也多为颠步,动作的强弱、节奏快慢较复杂多变,其中"酒后拍胸"的舞风别具韵味。

# 97.脚不着地的民间舞蹈——踩高跷

高跷是一种流传于全国各地的汉族民间舞蹈,亦指表演高跷时使用的木棍。高跷因舞蹈时脚踩踏木跷而得名,早在先秦时期已在民间流行。相传古人为了摘取果树高处上的果子,便将两根长棍绑在自己的腿上,后来逐渐发展成为一种踩高跷活动。清朝诗人恩竹樵的《咏秧歌》诗中,描述踩高跷活动为"捷足居然逐队高,步虚应许快联曹。笑他立脚无根据,也在人间走一遭",展现了踩高跷的高超技艺。

　　高跷一般以舞队的形式表演,人数不等。舞者多扮演某个古代神话或历史故事中的人物,服饰多模仿戏曲行头,常用道具有扇子、手绢、木棍、刀枪等,形式有"踩街"和"摺场"两种。摺场有两种,即集体舞队边舞边走各种队形图案的"大场"和两三人表演的"小场";一般是男女对舞,边舞边唱。高跷还可分为文跷和武跷,文跷重扭踩和情节表演;武跷重炫技功夫。

　　莆田黄石登瀛高跷的发祥地为梅妃故里黄石镇。其表演形式受唐玄宗时期的唐朝宫廷教坊歌舞影响,同时也杂糅了莆仙戏曲的舞蹈、武术、杂技等民间艺术元素,动作高超、惊险、幽默,步法奇特,造型夸张。表演内容多彩多姿,以小戏剧、小品为主。其步法有单足跳、大跨步跳、金鸡独立等,身法有前俯、后仰,左歪、右斜各 45 度以上的,还有骑肩人,器械武打的单练、对打等许多高难度动作。造型主要模拟陆地动物、水族和莆仙戏传统科介中的夸张造型等。2009 年,其被列入福建省第三批省级非物质文化遗产名录。

# 98.跨文化交流的"使者"——延平战胜鼓

　　延平战胜鼓,又称战台鼓、战斗鼓、国姓鼓,是流行于南平市延平区王台、峡阳一带,在庙会和民间节庆活动时表演的,集打击乐器与舞蹈艺术于一体的闽北民间游乐活动。战胜鼓是郑成功作战情景的再现,距今已有300多年的历史。2005年,其被列入福建省第一批省级非物质文化遗产名录。

　　相传明末清初,延平峡阳的少年薛仁元曾在郑成功军中任旗手,善击鼓。1661年,他参与了收复台湾的战役,解甲回乡后,便把击鼓的技艺传授给家乡的少年,峡阳便有了战胜鼓的技艺。后来,峡阳人因此技艺而成立了战胜鼓鼓会,并在每年的正月十五至二十五日擂响象征来年风调雨顺、人寿年丰的战胜鼓,深受当地百姓的喜爱。

战胜鼓直径 35 厘米,厚度约 20 厘米,形扁。其主要内容是表现民族英雄郑成功收复台湾时的队列操练和行军仪仗。表演时,队员们头戴黄色头巾,帽檐上镶嵌着鲜艳的红缨,身着蓝色的铠甲,外披黄色披风;由一名鼓者击打鼓面指挥,两名持大镲者领队,四面旗手环绕组成。鼓手用左臂环抱扁鼓使其立于左胸前,左手中指穿过鼓边的铁环以保持鼓身平衡,右手握于鼓槌下三分之一处,以丁字步为基本站立脚位,常用的击鼓动作有"跪蹲击鼓""弓步垫进"等;手法主要有"过顶横槌""贴胸斜槌""击鼓边""跪蹲轻槌""垫步重槌"等。表演队列以方阵、圆阵和锥形阵为主,跟随节拍行进,步伐严谨有序,动作整齐划一,经典再现了郑成功与战友们顶逆风、冒急雨、排巨浪,不惧惊涛骇浪的战斗场面。

延平战胜鼓令人瞩目的地方是由最初的男性鼓手变为了女性鼓手,充分展现了闽北巾帼女将的英气之美,她们意气风发、气势磅礴、雄壮刚毅中又带着女性独特的细腻,令人耳目一新。2016 年 6 月,延平战胜鼓团队应邀去往韩国参加文化交流活动,捧回金奖。

## 99.力与美并存的民间体育项目——建瓯挑幡

建瓯挑幡,又称建瓯幡、建州幡、建宁幡,简称建幡,是一种融武术、音乐、舞蹈、杂技于一体的表演艺术,同时也是一项强身健体的体育锻炼项目。2008 年,其被列入第一批国家级非物质文化遗产扩展项目名录。

建瓯挑幡始于明末。相传民族英雄郑成功招募大军横渡海峡,收复台湾,当时建瓯(旧称建宁府)城郊建溪畔大洲村的青壮年踊跃应征入伍。收复台湾后,凯旋的将士们将带回的军旗捆在长竹竿头,尽情挥

舞,表示对壮烈捐躯的弟兄们的怀念;当地百姓家家户户也连日备酒宴请庆贺。这一庆贺活动世代传承,并演化成当今建瓯民间特有的挑幡习俗,至今已有 300 多年的历史。每年正月二十四日,在挑幡活动中,人们打着"隆兴祖降"横幅抒发报国信念和纪念先辈的英雄壮举,称之为"接龙脉"。后逐渐演化为每年正月十五日踩街活动和三月二十七日建瓯东岳庙会中不可缺少的内容之一。

建瓯挑幡由幡箍、幡杆、幡幅、幡顶、幡斗、幡旗等组成。全幡长 10 多米,重 10～20 千克不等,幡体长而重,直立于地,给人以"高昂雄伟,壮怀激烈,仰天长啸"之感。挑法刚而雄,刚中带柔,动静结合,集力量与智慧于一体。

建瓯挑幡表演形式一般为广场表演,可一人单练,亦可双人或集体,动作、招式可达几十个。表演时,演员们或肩扛头顶,或牙咬鼻托,或手舞脚踢,或前挑后抛,或左旋右转,游刃有余,舞动长幡。幡体一直屹立不倒,竿不落地,幡不离身。表演高潮时,幡顶旋转如篷,幡幅呼呼生风,其场面之壮观,无不给人以力的震撼和美的享受。

# 100.壮观非凡的全民健身项目——大田板凳龙

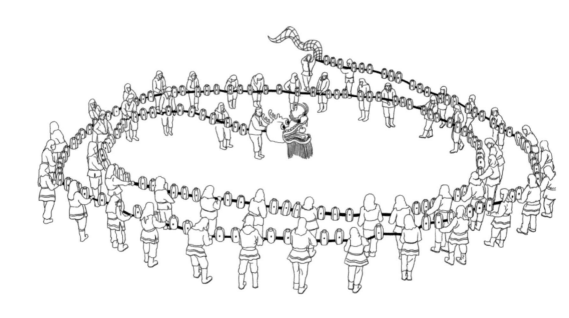

　　福建板凳龙,俗称"迎龙",是一种迎神、祈福的传统舞龙活动。相传源于汉代,由舞龙求雨的宗教活动演变而来。在福建的大田、永安、福清、尤溪等地都有板凳龙民俗,其中以大田板凳龙尤具特色。2008年,大田板凳龙被列入第二批国家级非物质文化遗产名录。

　　大田板凳龙的制作是一种集绘画、书法、雕刻、竹编、纸扎等于一体的民间工艺。其主体部分蛟龙由龙珠、龙头、龙身、龙尾组成,是将竹木、灯板、龙纸分节扎制后,以长板凳连缀而成。其中龙头的制作是关键,一般由村里的制作高手完成,而龙身则由各家各户自行制作。工序为先制作骨架,再将彩纸、透明纸、塑料纸等糊于外层,然后用彩纸剪出龙鳞、鳞纹和其他装饰,并贴在龙身上。最后,还要在龙节接头处,用彩笔写上"五谷丰登""六畜兴旺"等吉语,整个蛟龙的制作便完成了。

板凳龙的龙头一般高近三米;龙身短则几百节,长则千余节,最长的甚至达三千多米;每节灯板长约两米,上面钉着两个或三个灯座,每个灯座配插一支龙烛,灯座四方龙纸画上鳞纹、花草或书上祈颂语等。

板凳龙活动的时间是每年正月十五日元宵节前后。舞龙时,村里每家每户都要派人参与,一户一节,组成板凳长龙,通力协作,且行且舞。组织者通常是村中的长者,他们指挥着板凳龙从祖房出发,绕着村庄或街巷有条不紊地行进,最后回到出发地。板凳龙所到之处,唢呐声和锣鼓声不绝于耳,爆竹与响铳雷动山村,热闹非凡。

# 十一、闽茶文化

## 101.茶中珍品——白茶

　　白茶系中国六大名茶之一,因其成品芽头肥壮,满披白毫,如银似雪而得名。福建白茶制作技艺源自福鼎太姥山,太姥山的树种主要为大白茶树、大毫茶树和菜茶树等,其中"绿雪芽"是福鼎白茶的母株,历经千百年,汲天地之精华,为茶中珍品。福鼎白茶制品主要有白毫银针、白牡丹、贡眉(寿眉)及新研制的工艺白茶等品类。2011年,福鼎白茶制作技艺被列入第三批国家级非物质文化遗产名录。

　　白茶属微发酵茶,其制作手法独特,不炒不揉,文火烘干,以适度的自然氧化保留了丰富的活性酶和多酚类物质。其中白毫银针取肥壮单芽为主要原料,白牡丹则取一芽一叶或二叶,贡眉(寿眉)取一芽二叶、三叶为主要原料。白茶初制工艺流程有鲜叶、萎凋、堆积、干燥、拣剔,其中主要为萎凋和干燥两道工序,萎凋又分为自然萎凋和复式萎凋两种。而精制工艺流程有毛茶、拣剔(手拣)、正茶、匀堆、烘焙、装箱。受气温影响,白茶制作技艺还分为正常气候初制和不正常气候初制,其中不正常气候初制采用"八成干"萎凋、"六成干"萎凋和加温萎凋等方法。白茶汤色杏黄,清澈透亮,入口毫香显露,清鲜甘醇。而与之相随的茶艺表演的涤器、投茶、冲水、赏茶、闻香、品茗等程序,富有独特的审美内涵。

# 102.千年水丹青——茶百戏

茶百戏,又称分茶、水丹青、汤戏、茶戏等,是一种流传于闽北茶区(主要是武夷山、建阳、建瓯),能使茶汤纹脉形成物象的民间茶艺。茶百戏始

见于唐，流行于宋。茶百戏的流行得益于朝廷的推崇，也与杨万里、陆游、欧阳修、苏轼等大批文人的推广和传播分不开关系。2017 年，茶百戏被列入福建省第五批省级非物质文化遗产名录。

茶百戏以研膏茶(多为乌龙茶、红茶、白茶、黄茶、黑茶类)为原料,将其碾细成粉、搅拌形成茶汤的悬浮液,仅用茶和水,通过冲、点和搅拌,在茶汤中显现出文字和图像,从而将茶从饮品上升为艺术品,实现了从物质到精神的升华。

茶百戏的演示步骤主要有炙茶、碾茶、候汤、注汤、击拂、烫盏、点茶和分茶等。所用的器具主要有茶炉、茶臼、茶碾、茶筛、茶瓶、茶盏(盘)、茶筅、茶箩、茶勺、水盂等。茶百戏既可用抹茶通过点茶法进行欣赏和品饮,亦可用团饼茶冲泡品饮,茶汤连茶末一同饮用。

茶百戏以液体表现字画的独特方式,赋予作品灵动和变幻的特征,使中国字画表现的载体由单一的固体材料发展到液体材料,充分展现了中国传统艺术的意境美、线条美和朦胧美,具有极高的艺术观赏性。

# 103.中国茶文化的活化石——擂茶

中国茶文化博大精深,擂茶是其中最具原始形态的饮茶方式,被称为中国茶文化的活化石。擂茶是一种按制作工艺而命名的饮食,根据不同地域和不同口味有着不同的俗名,福建客家人称其为"茶米"。2014 年,客家擂茶被列入第四批国家级非物质文化遗产名录。

擂茶的基本原料为茶叶、黄豆、芝麻、花生、盐和橘皮等。有时依季节及天气的变化添加些许青草药。中国南方各地客家人擂茶的配料不尽相同,制作方法却基本一致。擂茶时常以坐姿操作,双手扶棍,双腿夹住擂钵,手握擂棍沿钵体内壁迅速擂动。待原料擂成茶泥,再冲入沸水,佐以葱花或炒米等,一缸清香四溢的擂茶就制作出来了。

擂茶是一种保健饮食,可消食健胃,祛湿避瘴。长期饮用擂茶,可提高免疫力,故有谚语说道:"喝擂茶,吃粑粑,壮身体,乐哈哈。"擂茶也是当地传统的社交手段,客家人亲友聚会、走访邻里、乔迁之喜及婚嫁寿诞等,皆

以擂茶相待。一张张桌子排开,男女老少欢聚其中,谈笑风生,说今论古,伴着擂钵内棍体的擂动,一场擂茶席便是一幅淳朴生动的风俗画。

## 104.家有一茶,安心一夏——灵源万应茶

灵源万应茶为福建晋江名产,系采集山茶、鬼针草、青蒿、飞扬草、爵床、野甘草、墨旱莲等 17 种当地独特的青草药,加入上等茶叶,配以中药,计 59 味中草药秘制而成的一种药茶。

灵源万应茶始创于明洪武元年(1368 年),最早由灵源寺三十一世高僧沐讲禅师创制,迄今已有 600 多年的历史。2006 年,其被认定为首批中华老字号;2008 年,被列入第二批国家级非物质文化遗产名录。

灵源万应茶为纯中药制剂,以袋泡茶、块状茶为剂型。其制作工艺独具特色,即以 59 味中草药为原料,取木香、丁香、小茴香、肉桂和甘松粉碎

成细粉备用,其余广藿香等 54 味粉碎成中粉,加麦粉与适量水拌匀,热压灭菌半小时,放冷后,加入上述细粉混匀,再加适量水制成软材,制粒,分装成袋,或压制成茶块。该药茶具有疏风解表、调胃健脾、祛痰利湿之功能,对伤风感冒发热、中暑痢疾、腹痛吐泻等疗效显著。

# 后　记

　　本书为 2022 年度福建省社会科学普及出版资助项目"福建民间风俗百图"（项目编号：FJ2022JHKP023）的研究成果。

　　福建民俗文化作为中国传统文化的一个重要组成部分，其内容丰富多姿，灿若繁星。保护和利用好这些文化遗产将有利于民族精神的凝聚和传承，对实现中华民族的伟大复兴有着重要的作用和意义。限于篇幅，本书以"真、善、美"为原则，选取福建风俗中的十一个有代表性的方面进行研究与创作，并采用"线描画＋精要解说"的形式，按照服饰、建筑、交通工具、人生礼俗、风俗信仰、工艺、医药、歌舞、戏曲、体育、茶文化的编排顺序，再现福建民间生活百态、思想观念和理想追求，凸显优秀传统文化的精神内涵和审美价值。同时，在福建风俗画的创作过程中，参考了学术界的诸多研究成果，限于体例，未能一一注明，在此谨向各位作者致以真诚的谢意。

　　本书付梓之际，衷心感谢福建省社科联、福建江夏学院对本项目的支持与帮助！感谢课题组成员程慧琴教授、唐素琼老师在写作过程中提供的宝贵意见以及所给予的帮助，感谢段文君、蒋非然对插画部分的指导与帮助，感谢厦门大学出版社编辑的付出。在此，谨向他们致以深深的谢意！

陈健俶

2023 年 8 月 9 日于榕城